Internationale collega's over Ben Tiggelaar

"Ben Tiggelaar is oprecht betrokken bij onze uitdagingen in het worden van betere leiders, in het veranderen van ons leven en in het leveren van een echte bijdrage. Bens unieke talent is zijn vermogen om gedegen wetenschappelijk onderzoek te vertalen naar inspirerende, praktische adviezen."
Dr. Stephen R. Covey

"Soms ben je zelf degene die 't moeilijkst te veranderen is. Ben Tiggelaar inspireert je niet alleen maar om te dromen, durven en doen. Hij leert je ook de vaardigheden en de technieken waarmee je je goede voornemens kunt waarmaken."
Dr. Ken Blanchard

"Ben Tiggelaar is een inspirerende trainer op het gebied van menselijk gedrag en verandering. Je zult zijn boeken en ideeën extreem praktisch vinden, zeer realistisch en een plezier om te lezen."
Dr. Marshall Goldsmith

BEN TIGGELAAR

DE LADDER

Waarom veranderen
zo moeilijk is én...
welke 3 stappen wel
werken

Tyler Roland Press

Voor Ingrid

Tyler Roland Press BV, Soest

Eerste druk juni 2018
Tweede druk augustus 2018

Omslagontwerp en opmaak: Studio Vuurdoorn
Foto auteur: Elisabeth Ismail
Drukwerkbegeleiding: Highway Media
Redactie: Marleen Schoonderwoerd
Correctie: Marieke Slagter

www.tylerrolandpress.nl
www.tiggelaar.nl

ISBN 978-90-79445-89-9
NUR 770, 801

Inhoudsopgave

1

Het hele verhaal in een paar minuten

- De essentie van De Ladder in een notendop
- Een paar van de allerbeste verandertips!
- Veranderen begint bij jezelf... maar waarom is dat zo?

Geen voorwoord. Geen lange inleiding. Ik begin gewoon met de essentie van mijn verhaal in een paar minuten.

Veranderen speelt een belangrijke rol in onze maatschappij. En niet zonder reden. Verandering is vaak noodzakelijk en gewenst. Bedrijven die willen blijven meedoen in hun markt, moeten voortdurend innoveren. Wie verandering in zijn loopbaan wil, zal daarvoor stappen moeten zetten. Voor veel maatschappelijke problemen - van de zorgkosten tot de werkdruk in het onderwijs - geldt eveneens dat we moeten werken aan verandering. En ook als je een betere relatie wilt, zul je aan de slag moeten.

Mooie plannen en goede voornemens zijn in al deze situaties niet genoeg. Een geweldig plan dat je niet uitvoert, is evenveel waard als geen plan.

Om te veranderen, zul je in actie moeten komen. Om te veranderen zul je in veel gevallen nieuw en ander gedrag moeten laten zien. Ander gedrag dan de handelingen die je in de situatie hebben gebracht die je nu achter je wilt laten.

De kern van vrijwel elke verandering is gedragsverandering. We willen ander gedrag van leiders zien. Ander gedrag van medewerkers, van burgers, van klanten, van opvoeders. Vriendelijker gedrag, klantgerichter gedrag, creatiever gedrag, gezonder gedrag. Nieuw gedrag dat tot nieuwe, betere uitkomsten leidt.

Een geweldig plan dat je niet uitvoert, is evenveel waard als geen plan

Dat is echter makkelijker gezegd en opgeschreven dan gedaan. Veranderen is moeilijk. Het is moeilijk om oud gewoontegedrag op te geven en te vervangen door nieuw gedrag. Het is moeilijk om te veranderen als onze sociale omgeving hetzelfde blijft en het nut van veranderen niet inziet. Het is moeilijk om te veranderen als we eigenlijk niet geloven dat we het kunnen.

Dat brengt ons bij de kernvraag van dit boek: *hoe doe je dit? Hoe kom je tot nieuw gedrag en daarmee tot geslaagde verandering?*

Een ladder met drie treden
Ik gebruik daarvoor een praktisch, eenvoudig model. Stel je een ladder voor met drie treden...

1. De bovenste tree is *het doel* dat je nastreeft. Oftewel: de uitkomst, het resultaat, de ontwikkeling die je wilt zien. Een voorbeeld: ik wil minder stress en meer plezier in mijn werk.

2. De middelste tree is *het gedrag* dat nodig is om dat doel dichterbij te brengen. Concreet, helder geformuleerd gedrag. Oftewel: gedrag dat je kunt *voordoen* en *nadoen*.
   Een voorbeeld: ik begin elke werkdag met het uitschakelen van mijn e-mail en telefoon en werk dan eerst een half uur aan wat ik het belangrijkste vind.

3. De onderste tree is *de support*, de ondersteuning die nodig is om je gedragsvoornemen ook echt uit te voeren. Technieken die gedrag op gang helpen en houden. Dat is geen leuk extraatje,

maar absolute noodzaak: zonder deze tree gaat het niet lukken. Veel veranderingen mislukken omdat de support niet goed is geregeld.
Een voorbeeld: ik leg een briefje met een herinnering aan mijn voornemen op mijn bureau. Daarnaast houd ik elke dag op mijn telefoon bij of ik me aan mijn voornemen heb gehouden. Ook bel ik elke vrijdagmiddag met een vriend, om samen terug te kijken op de week en de verandering waar ik aan werk.

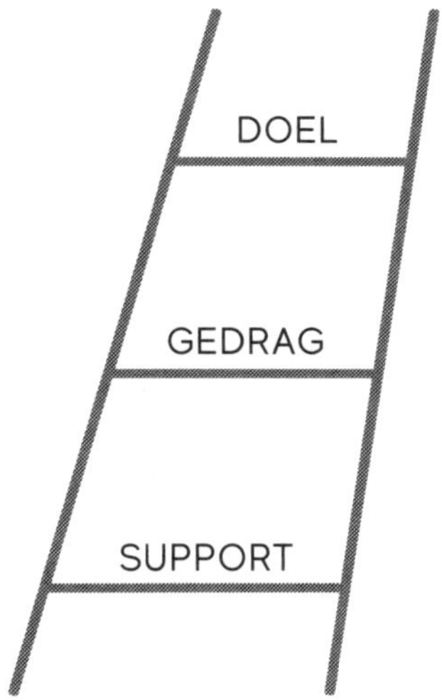

Een praktisch, eenvoudig model: De Ladder

Er zijn duizenden boeken geschreven over veranderen. Soms met indrukwekkende schema's, modellen en stappenplannen. In mijn werk hanteer ik de laatste jaren het beeld van een ladder met drie treden. Eenvoudig, doeltreffend en het werkt. Dit simpele verandermodel heb ik De Ladder genoemd. Je kunt De Ladder zien als een algemeen stappenplan dat je persoonlijk kunt invullen. Als je dit goed doet, maak je veranderen minder moeilijk.

Drie tips

Maar wat is 'goed invullen'? Daarover gaat de rest van dit boek. Het biedt een groot scala aan praktische inzichten en tips op het gebied van veranderpsychologie.

Ik geef je er meteen een paar van de allerbeste. Drie van mijn favoriete tips uit gedragsonderzoek, geordend aan de hand van De Ladder, dus: een *doel-tip*, een *gedrags-tip* en een *support-tip*.

Een doel-tip

Formuleer het *doel* waar je naar streeft zo veel mogelijk in termen van persoonlijke ontwikkeling en niet in termen van wat je wilt presteren.
Dus niet: "Aan het eind van dit jaar wil ik een 8,0 als evaluatie", maar liever: "Ik wil me het komende jaar ontwikkelen tot een meer inspirerende leider."
Ontwikkeldoelen zijn vaak effectiever dan prestatiedoelen. Dat geldt vooral bij veranderingen. Ze helpen je onder meer om fouten onderweg te ervaren als leren in plaats van als falen, als een stap vooruit in plaats van een stap achteruit.
Een voorbeeld: een sporter die móét presteren en het doel mist, raakt in paniek. Een sporter die mag leren, blijft kalm en houdt zichzelf voor: de volgende keer iets lager mikken.

Een gedrags-tip

Begin altijd met *gedrag* waarvan je honderd procent zeker weet dat je het kunt uitvoeren. Vertaal het zo nodig in ri-di-cuul kleine stapjes.
Stel dat je doel is om minder stress te ervaren in de ochtend. Je kunt dan besluiten om voortaan een uur eerder op te staan. Maar je kunt je ook voornemen om met kleine stapjes te beginnen en elke dag een minuut eerder op te staan, tot je op zestig minuten zit.
Dit soort kleine, simpele gedragsvoornemens zorgen ervoor dat je in elk geval een begin maakt. Bovendien is de kans groter dat je het volhoudt en van je nieuwe gedrag een gewoonte maakt.

Een support-tip
Een van de meest krachtige *support-technieken* heet 'zelfmonitoring van gedrag'. Dat betekent - nadat je eerst een concreet en haalbaar gedragsvoornemen hebt geformuleerd - minstens elke dag bijhouden of je je voornemen ook uitvoert. Je stelt jezelf de vraag: heb ik vandaag gedaan wat ik me heb voorgenomen? En je noteert je antwoord op een lijstje of in je smartphone.

Werken met De Ladder is eenvoudig. Je *plant* eerst je verandering van boven naar beneden. Bepaal je *doel*, vertaal het naar *gedrag* en regel je *support*.

Daarna kun je aan de slag. Je *probeert* 'van onderen naar boven' of het werkt. Regel je *support*-technieken, probeer je nieuwe *gedrag* uit en werk toe naar je *doel*. Onderweg kijk je hoe het gaat en stuur je bij.

Dit is het verhaal van De Ladder in een notendop.

De inhoud van dit boek
Wat kun je verwachten van dit boek? Je zult stap-voor-stap beter begrijpen wat veranderen zo belangrijk en zo moeilijk maakt. Daarover gaan de hoofdstukken 2 en 3. En je leert hoe je De Ladder praktisch kunt gebruiken in je werk en daarbuiten. Daarover gaan de hoofdstukken 4 tot en met 8.

Achter in dit boek is een praktijkgids opgenomen: een lijst met 82 praktische tips uit de gedragswetenschap. Deze lijst is superhandig als je zelfstandig of in een organisatie aan de slag wilt met De Ladder en je inspiratie zoekt om de drie treden - doel, gedrag en support - goed te nemen, oftewel: het stappenplan goed in te vullen.

Het doel van dit boek is om je te helpen - op je werk of thuis - veranderingen die je graag wilt en die je belangrijk vindt gestructureerd en effectief aan te pakken.

Begin bij jezelf...

Veel voorbeelden in het boek zijn gericht op individuen die zelfstandig aan de slag willen met verandering in hun werk. Maar je kunt de ideeën uit dit boek ook toepassen op veranderen in teams, gezinnen, organisaties, wijken of andere groepen mensen.

Zelf uitproberen zorgt voor een eerlijke kijk op verandering

Toch wil ik je - vanuit mijn eigen ervaring - adviseren om de ideeën in dit boek éérst op jezelf uit te proberen. Waarom? Omdat je dan minder snel doelen zult bedenken voor anderen die eigenlijk niet realiseerbaar zijn. Of gedrag dat gewoonweg niet uitvoerbaar is. Of support die niet werkt in de praktijk.

Zelf uitproberen helpt je om een eerlijke, realistische kijk te ontwikkelen op verandering. Daardoor word je steeds beter in het helpen van anderen op dit gebied.

Samenvatting

Verandering kun je zien als een ladder met drie treden:

- De bovenste tree is het *doel* dat je nastreeft.
- De middelste tree is het concrete *gedrag* dat nodig is voor dit doel.
- De onderste tree is de *support* die nodig is voor dit gedrag.

Vraag

Welke verandering overweeg jij?

Met een concreet doel in gedachten wordt het leuker en waardevoller om dit boek te lezen.

Nog effectiever is het wanneer je je eigen 'veranderlogboek' gaat bijhouden. Daarin noteer je wat je aanspreekt en pas je belangrijke tips meteen toe op de verandering die je overweegt.

2

Waarom veranderen zo belangrijk is

- Veranderen: waarom zou je eigenlijk?
- Een 'kleine' verandering waar we al 170 jaar aan werken
- De zwakke schakel is... ons eigen gedrag

Een conferentie of een congres afsluiten, als laatste spreker, is een van de leukste klusjes voor iemand die zich bezighoudt met veranderpsychologie. Vaak stel ik dan eerst twee vragen aan het publiek.

1. Wie heeft er vandaag iets gehoord waarvan hij denkt: daar móet ik iets mee doen?
2. En wie denkt dat hij dat ook echt zál gaan doen?

Bij vraag 1 steekt bijna iedereen zijn hand op. Bij vraag 2 laat minstens de helft zijn hand weer zakken.
Veel mensen weten uit ervaring dat je wel geïnspireerd kunt raken door een mooi verhaal, maar dat de kans dat je er ook echt iets mee zult doen, vrij klein is. De stap van inspiratie naar frustratie is vaak maar een kleine.

Denk niet dat ik dit vertel omdat ik zelf zoveel beter ben in gedragsverandering. Ook bij mij gaat dit niet vanzelf en ik heb er nog wel voor doorgeleerd.
Een persoonlijk voorbeeld: in 1993 las ik voor het eerst over het fenomeen autobiografisch luisteren.
Dat is de vervelende neiging om een gesprek over te nemen vanuit je eigen perspectief. Je kent het wel, mensen die je interrumperen met zinnen als: "Dat had ik laatst ook..." Of: "Weet je hoe ik zoiets oplos?"

Ik weet dat het 1993 was, omdat ik het boek waarin het over autobiografisch luisteren ging, pas nog in handen had. Voorin stond een aantekening met een datum erbij. En het gedeelte over autobiografisch luisteren was door mijn jongere zelf dubbel onderstreept en voorzien van de opmerking: “Werk hieraan!”
Het vervelende was dat ik mij - 25 jaar later - van dat voornemen helemaal niets meer herinnerde. Ik realiseerde me dat ik er niets mee had gedaan en dat ik nog vaak, te vaak, vanuit mijn eigen perspectief naar andere mensen luisterde.
Wat te doen? Uiteindelijk ben ik maar gewoon weer opnieuw begonnen. Minder autobiografisch, meer empathisch luisteren. Poging twee.

Veranderen is dus zo makkelijk nog niet. Mocht je denken dat een verandering doorvoeren met 25 jaar vertraging bijzonder is, dan heb ik zo meteen een nog veel gekker verhaal voor je. Maar eerst: waarom zou je eigenlijk willen veranderen als veranderen zo lastig is?

Veranderen, waarom zou je?
Het is een bekende uitspraak: niet elke verandering is een verbetering, maar voor elke verbetering is wel een verandering nodig.

Vaak is onvrede de aanleiding om te willen veranderen. Een paar voorbeelden:

- Je hebt het gevoel dat je geleefd wordt. In je werk heerst de ‘waan van de dag’. Je rent je rot, maar komt nauwelijks vooruit.
- Je zou als leidinggevende je medewerkers graag willen inspireren. Hen helpen om echt zin te hebben in het werk. Maar je hebt het gevoel dat dit maar mondjesmaat lukt.
- Je probeert serieus op je gezondheid te letten, maar elke maand wijst de weegschaal toch weer iets meer gewicht aan.
- Je bent ondernemer en merkt dat je steeds meer moeite moet doen om klanten te vinden.

- Je constateert dat er in je gezin de laatste weken wel heel vaak ruzie wordt gemaakt.

Niet leuk, maar wel waar: in veel gevallen komt de wens tot verandering voort uit onvrede over de huidige situatie.

In het bedrijfsleven wordt verandering in veel gevallen aangedreven door de angst om achterop te raken. Ten opzichte van de concurrentie en de technologische ontwikkelingen.

> De wens om te veranderen komt vaak voort uit onvrede

Volgens bedrijfskundige *Rita McGrath* is de stabiliteit in het bedrijfsleven definitief voorbij.
Vroeger ontwikkelden bedrijven langetermijnstrategieën om een blijvend voordeel op te bouwen. Ze hadden unieke, bekende merkproducten die niemand kon namaken. Dat type bedrijven bestaat nog wel... Ikea, Unilever, General Electric. Maar het zijn er slechts een paar en verhoudingsgewijs werken er weinig mensen.
Volgens McGrath moeten we ons realiseren dat tegenwoordig alles tijdelijk is. Er moet voortdurend veranderd worden. Elk concurrentievoordeel, van een organisatie of een individuele professional, is van voorbijgaande aard. Het zijn *transient advantages*, in haar woorden.
De logische consequentie van McGraths verhaal is dus dat voor bedrijven die concurrerend willen blijven, innovatie, ontwikkeling, leren en veranderen de belangrijkste processen worden binnen organisaties.

Kortom: de wens om te veranderen komt vaak voort uit een situatie van onvrede of angst.
Ook leeft er in veel gevallen een gevoel van urgentie: het is nu of nooit. Je krijgt bijvoorbeeld de kans om een stap vooruit te zetten in je werk. Maar die kans is tijdelijk en dreigt weer te verdwijnen.

Bovendien zijn er meer gegadigden.

Een sterke wens om te veranderen is noodzakelijk om op gang te komen, maar niet genoeg. Het komt vaak voor dat we weten dat we moeten veranderen, en het ook willen, maar het toch niet doen. Het volgende verhaal is daar een voorbeeld van.

Handen wassen: meer dan 170 jaar ploeteren
Dit verhaal start in 1846 in Wenen. De Hongaarse arts *Ignaz Semmelweis* begint aan een nieuwe baan op de 'eerste kraamafdeling' van het *Algemeines Krankenhaus* in Wenen.

Er zijn twee kraamafdelingen en Semmelweis komt er al snel achter dat er een dramatisch verschil is tussen zijn afdeling - de eerste - en de tweede kraamafdeling.
Op zijn afdeling sterft namelijk gemiddeld één op de tien jonge moeders aan 'kraamvrouwenkoorts'. In sommige maanden overlijdt zelfs 30 procent van de vrouwen. Op de tweede afdeling is het sterftecijfer veel lager, gemiddeld 4 procent.

Semmelweis besluit methodisch te werk te gaan. Hij probeert diverse aanpakken en houdt de cijfers bij.
In 1847 experimenteert hij voor het eerst met handenwassen. Hij vermoedt namelijk dat de studenten die autopsies doen in het mortuarium en vervolgens komen helpen op zijn kraamafdeling, 'giftige deeltjes' meenemen aan hun handen. De studenten werken alleen bij Semmelweis en niet op de andere kraamafdeling.
Semmelweis verplicht daarom alle medewerkers hun handen te wassen in een chlooroplossing voordat ze zijn afdeling bezoeken.
De resultaten zijn verbluffend. Binnen enkele weken daalt het sterftecijfer van - op dat moment - meer dan 18 procent, naar minder dan 2 procent. Enkele maanden later ligt het zelfs op 0,2 procent.

Hoewel de cijfers bewijzen dat Semmelweis gelijk heeft en hij er ook op allerlei manieren ruchtbaarheid aan probeert te geven, wordt het handenwassen niet overgenomen door de meeste artsen. Sterker nog: het idee dat dokters en verpleegkundigen zélf de ziektes in het hospitaal verspreiden, wordt door een groot aantal collega's belachelijk gemaakt.
Pas meer dan vijftien jaar later ontdekt de Franse scheikundige en bioloog *Louis Pasteur* dat veel ziekten worden veroorzaakt door micro-organismen die met het blote oog niet zichtbaar zijn. Stap-voor-stap onderkennen artsen dat het een goed idee is om je handen te wassen voor en na het contact met patiënten, en komen er richtlijnen.

Inmiddels zijn we meer dan 170 jaar verder. Iedere arts en verpleegkundige weet hoe en wanneer zij of hij z'n handen moet wassen. Het gaat om wijdverbreide kennis. Maar de vraag is: doen ze het ook? Of nog iets nauwkeuriger geformuleerd: lukt het de medewerkers in een gemiddeld Nederlands ziekenhuis om zich te houden aan de normen op het gebied van handhygiëne die de medische stand zelf heeft opgesteld?

Je voelt het antwoord wellicht al aankomen: nee!

Promovendus *Vicki Erasmus*, van (toevallig) de Erasmus Universiteit, publiceerde in 2012 een onderzoek naar handhygiëne in 24 Nederlandse ziekenhuizen. De uitkomsten logen er niet om. Gemiddeld werden de normen op het gebied van handenwassen voor 20 procent nageleefd.

Goed. Je denkt misschien: dat is één onderzoek. Maar een andere promovendus, *Anita Huis* van de Radboud Universiteit in Nijmegen, publiceerde in 2013 over hetzelfde onderwerp. Zij keek naar de stand van zaken op 67 afdelingen in drie Nederlandse ziekenhuizen en kwam tot dezelfde cijfers: in 20 procent van de gevallen houdt het personeel zich aan het protocol. In 80 procent van de gevallen niet.

De consequenties zijn enorm. Alleen al in Nederland lopen zo'n 100.000 patiënten per jaar een ziekenhuisinfectie op. En in een flink deel van de gevallen is dit te wijten aan gebrekkige handhygiëne. Gevolg van al die infecties? Een hoop kosten, een hoop leed en - naar schatting - duizend onnodige sterfgevallen per jaar. Dat zijn meer slachtoffers dan er jaarlijks in het verkeer vallen in Nederland.

In Nederland lopen zo'n 100.000 patiënten per jaar een ziekenhuisinfectie op

Een van de meest opmerkelijke zaken is dat artsen, verpleegkundigen en andere experts in de gezondheidszorg dit weten, het verschrikkelijk vinden en dat er desondanks geen verbetering plaatsvindt. (Mocht je trouwens denken dat het om een typisch Nederlands probleem gaat, dan moet ik je helaas uit de droom helpen. Het probleem speelt wereldwijd.)

Nog even recapituleren. Als je in een ziekenhuis werkt of elders in de zorg, kun je (en wil je natuurlijk ook) infecties tegengaan en onnodig leed voorkomen. Dat kan onder meer door je te houden aan de handenwasregels.
En tóch lukt dat niet. Waarom niet? Omdat er ook allerlei belemmeringen zijn die onze acties om te veranderen blokkeren. Deze belemmeringen, waar we vaak maar weinig grip op hebben, beschrijf ik in hoofdstuk 3.

Het grote probleem met veranderen - wel weten, niet doen - speelt op tal van terreinen in ons leven.
Je wilt afvallen, maar kunt toch de verleiding niet weerstaan om 's avonds een zak chips open te trekken. Je wilt graag luisteren naar de verhalen van je kinderen, maar als je uit je werk komt, kijk je toch eerst naar de berichten die op je telefoon zijn binnengekomen.

Veranderen is zo makkelijk niet. En dan te bedenken dat de meeste veranderingen die we proberen te realiseren, eigenlijk veel complexer zijn dan een handeling als handenwassen; en dat er vaak ook nog eens veel minder op het spel staat dan in een ziekenhuis.
Ik vraag me dan af: hoe groot zou ons verandersucces gemiddeld zijn? Als je het echt nauwkeurig zou observeren? Hoger of lager dan 20 procent?

Gedrag is de zwakke schakel
Of het nu gaat om kleine voornemens in ons privéleven of om grootschalige plannen in bedrijven, iedereen weet: gedrag veranderen is moeilijk. Sterker nog: gedragsverandering is de bottleneck, de zwakke schakel in de keten.

Veranderexpert *John Kotter* schreef over verandering in organisaties: "Het draait uiteindelijk niet om strategie, structuur, cultuur of systemen. De kern van de zaak is altijd het veranderen van het gedrag van mensen."
Ja, misschien is het grote doel binnen een organisatie dat de cultuur verandert. Maar het begint altijd met veranderingen in gedrag. Meestal eerst bij de leiding en daarna bij de medewerkers. Tenminste, dat is de bedoeling. Vaak lukt het dus gewoon niet.

Toch gek. Want we *kunnen* wel veranderen. Sterker nog: veel veranderingen gaan gewoon vanzelf.
Als onze directe omgeving verandert, passen we ons denken en handelen meestal automatisch aan. Wie van Oost-Groningen naar Amsterdam verhuist - om maar een voorbeeld uit mijn eigen leven te gebruiken - past allerlei dingen aan in zijn taalgebruik, fietsgedrag en gewoontes, zoals het groeten van iedereen die je tegenkomt op straat. Daar hoef je niet over na te denken, dat gaat min of meer vanzelf.
Nog veel extremer zijn de veranderingen als je gaat samenwonen of trouwen. En als er kinderen komen. Door de verandering in je

sociale omgeving ontwikkel je tal van nieuwe gedragspatronen. Dat gaat weliswaar met horten en stoten, maar uiteindelijk past iedereen zich hieraan aan.

Aan de andere kant: je gedrag veranderen terwijl de omgeving hetzelfde blijft, dat is verdraaid lastig. Gedragsonderzoekers stellen doorgaans dat we in zo'n situatie - als het al lukt - maximaal één relevante gedragsverandering tegelijk kunnen realiseren. En dat kost al gauw enkele maanden tot een jaar.
Een eenvoudig voorbeeld: wanneer een leidinggevende wil leren om beter naar zijn medewerkers te luisteren (interesse tonen, aansluiten bij wat er wordt verteld, samenvatten, doorgronden wat de ander bedoelt), dan duurt het maanden voordat de medewerkers deze verandering opmerken. Dat wil zeggen: als het de leidinggevende überhaupt lukt om zijn gedrag te veranderen.

Illustratief is het onderzoek van *Janka Stoker*. Zij promoveerde op een studie naar veranderingen in leiderschap bij de *Postbank* en *Hoogovens*.
De managers binnen deze bedrijven waren ervan overtuigd dat ze steeds meer op een vernieuwende, coachende manier leiding gaven. Dat ze meer vragen stelden aan hun medewerkers, goed naar hen luisterden, hun veel ruimte voor eigen initiatief boden. Maar het onderzoek liet zien dat er in de praktijk helemaal geen merkbare gedragsveranderingen optraden. De managers waren in hun hoofd blijkbaar wel bezig met de verandering, maar konden dit niet voldoende vertalen naar gedrag dat waarneembaar was voor hun medewerkers.
Ervaren verandermanagers erkennen dat het vaak makkelijker is om een grootschalige wijziging door te voeren in de structuur of de naamgeving van een bedrijf (*Postbank* heet nu *ING Bank; Hoogovens* werd eerst overgenomen door *Corus* en daarna door *Tata Steel*), dan om het dagelijkse gedrag van mensen te veranderen.

Wat is gedrag eigenlijk?

Als gedrag de zwakke schakel is in de meeste veranderingen, dan is het de moeite waard om hierover iets meer te weten. In dit boek zal er nog heel wat kennis en kunde voorbijkomen als het gaat om gedrag en gedragsverandering. Maar hier geef ik alvast een paar schoten voor de boeg.

Allereerst: *Wat is gedrag?* De meest gangbare definitie is: alle acties en reacties van een persoon in relatie tot zijn omgeving. Ook niet-zichtbaar gedrag kan daaronder vallen: denken en voelen. Maar dit boek kijkt in de eerste plaats naar het zichtbare, waarneembare gedrag. Dat is namelijk het gedrag waarmee we concrete veranderingen kunnen realiseren. In de maatschappij, in ons werk, in ons leven. En dat is waar dit boek om draait.

Gedrag is alles wat je kunt voordoen en nadoen

Je kunt het ook heel eenvoudig zeggen: gedrag betekent in dit boek alles wat je kunt *voordoen* en *nadoen*. Zo'n simpele vuistregel is handig, want vaak noemen we iets gedrag, terwijl het eigenlijk gaat om resultaten van gedrag of om voornemens. Kijk maar eens naar het rijtje hieronder. Wat is volgens jou gedrag en wat niet?

1. Twee keer per dag een tablet innemen.
2. Je lekker in je vel voelen.
3. Van plan zijn om te gaan sporten.
4. Elk gesprek beginnen met een vraag.

Waarschijnlijk had je ze goed... Nummer 1 en 4 zijn gedrag. Nummer 2 is een gevolg van gedrag of een doel dat je nastreeft. En nummer 3 is een voornemen om iets te gaan doen.

En wat zijn gewoontes?

Gedrag is er in verschillende soorten en maten. Er is gedrag dat je maar een keer vertoont. Bijvoorbeeld trouwen met de liefde van je leven. Er is gedrag dat je regelmatig, maar niet voortdurend vertoont. Zoals het opschonen van je administratie. En er is gedrag dat je heel frequent vertoont, vaak bijna zonder erbij na te denken. Dit noemen we gewoontegedrag.

Gewoontegedrag speelt bij veel veranderingen een essentiële rol. De meeste mensen realiseren zich wel dat één keer ander gedrag vertonen meestal niet genoeg is om blijvende verbeteringen te realiseren. Om te veranderen, moeten we streven naar nieuw gedrag dat we kunnen volhouden. En daarvoor hebben we nieuwe gewoontes nodig.

Wat is een *gewoonte*? Een gewoonte is een handeling of een samenhangende reeks van handelingen, die je zonder er bewust bij na te denken - en daardoor vrijwel moeiteloos - herhaalt in daarvoor geschikte situaties. In je brein is door herhaling van dit gedrag en de beloning ervan een voorkeurspad ontstaan.

Een simpel voorbeeld van een gewoonte: we hebben in onze cultuur allemaal geleerd dat als iemand zijn hand uitsteekt, je die beetpakt, een paar keer op en neer beweegt en daarna weer loslaat. Meestal vinden we dat nog prettig ook. Gedragswetenschappers zeggen: een uitgestoken hand is voor jou een 'trigger' of een 'antecedent' die automatisch leidt tot het afdraaien van een kleine reeks van handelingen, namelijk handenschudden. De medewerking van de ander aan het handenschudden en het goede gevoel dat dit oplevert, vormen de 'consequentie', de 'bekrachtiger', of in gewone-mensentaal: de beloning.

Een ander voorbeeld: stel dat je het op dit moment veel te druk hebt met je werk. Het drijft je tot waanzin en je besluit om je baan op te zeggen en iets heel anders te gaan zoeken. Dat opzeggen lukt meestal wel. En een nieuwe baan zoeken, dat gaat wellicht ook nog.

Maar zorgen dat je het in je nieuwe baan niet heel snel opnieuw veel te druk krijgt, dat is andere koek.

Daarvoor moet je leren om niet bij alle leuke klussen meteen weer te roepen: hier, geef maar aan mij! Je oude gewoontegedrag. Je moet leren om heldere prioriteiten te stellen; om het onderscheid te leren zien tussen wat belangrijk is en dringend; en om vaker nee te zeggen tegen je collega's. Je zult - kortom - een set aan nieuwe gewoontes moeten leren die je helpen om geestelijk gezond te blijven in een omgeving waar altijd nog wel wat werk te doen is (zeker voor iemand als jij).
Dus als je eerlijk bent kun je dat zoeken naar een nieuwe baan net zo goed overslaan en meteen - in je huidige baan - beginnen aan het ontwikkelen van nieuwe gewoontes.

Voorkeur voor gemak
Gewoontes - goede en slechte - leer je vaak zonder erbij na te denken. Gewoontes ontstaan doordat bepaald gedrag 'werkt' in een situatie. Je komt op kantoor, zet net als veel van je collega's je computer aan, haalt de e-mail binnen en begint met het beantwoorden ervan. Intussen heb je het gevoel dat je bezig bent. Door de mails te openen wordt je nieuwsgierigheid bevredigd, wat een goed gevoel geeft. En door een antwoord te tikken en op 'send' te drukken, heb je het gevoel dat je iets bereikt. Yes. Weer een goed gevoel.

Interessant om te weten: het beloningssysteem in ons brein reageert vooral op gemak, gewin, genot en andere 'succeservaringen'. Neurologen denken dat het beloningssysteem ook al actief wordt bij de verwachting van succes. Het enige probleem is dat dit systeem geen enkele rekening houdt met de langere termijn. Het enige wat telt is dat een ervaring nú fijn is. Nu, hier, voor mij.

Wat meteen een succeservaring of plezier oplevert, doen we - meestal zonder hier bewust bij na te denken - steeds vaker. En

daardoor wordt het steeds makkelijker om te doen.
Andersom geldt ook: wat ongemak of pijn oplevert, vermijden we liever en wordt dus nooit gemakkelijk om te doen.
Gemak is een extreem belangrijke factor in gedragsverandering. Hier kom ik nog vaker op terug in dit boek.

Maar eerst kijken we in hoofdstuk 3 hoe ons gedrag werkt en waarom het zo moeilijk is om gedrag te veranderen...

Samenvatting

- Waarom willen we veranderen? Vaak uit onvrede met de huidige situatie.
- De zwakke schakel bij vrijwel iedere verandering is ons gedrag.
- Eén keer nieuw gedrag vertonen is meestal niet genoeg: het gaat om de ontwikkeling van nieuwe gewoontes

Vraag

Wat is een goede gewoonte die je zelf graag zou willen ontwikkelen?

3

Waarom gedrag veranderen zo moeilijk is

- Wat 85 studies naar gedragsverandering ons leren
- Waarom doen we wat we doen? Oftewel: de drie 'aanjagers' van menselijk gedrag
- De belangrijkste belemmeringen voor verandering

Het is niet fraai om te zeggen, maar we gaan in de westerse samenleving letterlijk dood aan ons eigen gedrag. Slechte gewoontes zijn de hoofdoorzaak van grote gezondheidsproblemen, zoals kanker, hartklachten, beroertes en diabetes. Dit wordt door onderzoekers wereldwijd erkend.
De schatting is dat maar liefst 40 procent van de mensen in onze samenleving voortijdig overlijdt door onverstandig gedrag als roken, te veel alcohol drinken, te weinig bewegen, te veel en ongezond eten; te weinig rust nemen.

Het zal je dus niet verbazen dat er binnen de gezondheidszorg de laatste decennia veel onderzoek wordt gedaan naar gedragsverandering. Als we daar toch eens wat meer grip op zouden kunnen krijgen...

Dat vele onderzoek naar gedragsverandering kreeg in 2008 een belangrijke impuls. In dat jaar introduceerden de Britse gezondheidspsychologen *Charles Abraham* en *Susan Michie* hun eerste taxonomie - een systematisch overzicht - van tientallen gedragsveranderingstechnieken.

Ik geef toe, dat klinkt een beetje administratief en saai, maar geloof me: voor onderzoekers is dit één groot feest. Aan de hand van dit overzicht kunnen nu allerlei verschillende studies op het gebied van gedrag eindelijk goed vergeleken worden.
Waarom? In het verleden gebruikten onderzoekers voor de verandertechnieken in hun experimenten vaak allerlei eigen namen. Maar met deze taxonomie in de hand kunnen we nu zeggen: hé, eigenlijk is in dit onderzoek uit Duitsland verandertechniek nummer 12 gebruikt, samen met techniek nummer 35. Net als in dat onderzoek een jaar later uit Canada. En in het onderzoek uit Australië is alleen techniek 35 toegepast. Eens kijken wat de verschillen in resultaten waren...

Eindelijk kunnen we kennis uit verschillende onderzoeken samenvoegen. En daardoor zien we steeds duidelijker patronen in wat wel en niet werkt bij gedragsverandering.

De regels van Webb
Met de taxonomie van Abraham en Michie bij de hand vergeleken onderzoeker *Thomas Webb* en zijn collega's 85 studies naar gedragsinterventies via internet. Daarbij moet je bijvoorbeeld denken aan een website die mensen bewegingsadvies op maat geeft en tips om er ook mee aan de slag te gaan. In alle studies bij elkaar deden meer dan 43.000 proefpersonen mee.

Wat ontdekten de onderzoekers?

1. Belangrijkste conclusie: wie zijn 'wetenschappelijke huiswerk' doet, boekt betere resultaten. Met andere woorden: veranderinterventies die zijn gebaseerd op een wetenschappelijke theorie, blijken stelselmatig effectiever dan interventies die enkel gebaseerd zijn op ideeën, intuïties en ervaringen. We zullen ons dus een beetje moeten verdiepen in de gedragswetenschap voor we allerlei dingen proberen te veranderen. Gaan we doen...

2. Een andere belangrijke conclusie: interventies die gebruikmaken van meerdere technieken voor gedragsverandering, zijn effectiever dan interventies die gebruikmaken van slechts één techniek. Wie een verandering wil zien in het gedrag van anderen, kan bijvoorbeeld iets aanpassen in hun directe omgeving waardoor het makkelijker wordt om nieuw gedrag te vertonen. Ook kun je het gewenste gedrag voordoen. Wat ook werkt is beloningen geven voor gewenst gedrag. Maar nog beter werkt het als je meerdere van dit soort technieken combineert. De simpele regel luidt: meer technieken, meer effect. Dus niet: *less is more.* Maar: *more is more.*

Waarom mislukken veel veranderingen in het bedrijfsleven en binnen de overheid? Een belangrijke reden: we houden ons niet aan de simpele regels uit het onderzoek van Webb.
We doen ons huiswerk niet en we gebruiken vaak veel te weinig technieken om gedragsverandering mogelijk te maken.
We zien een probleem, bedenken snel een aanpak en gaan, hup, aan de slag. En meestal komt de interventie in werkomgevingen neer op een 'tell-and-sell'-aanpak: leidinggevenden die medewerkers, zo enthousiast mogelijk, vertellen wat ze moeten gaan doen. Het resultaat is vaak teleurstellend.

Dus? Tijd om eens wat huiswerk te doen.
In het volgende hoofdstuk introduceer ik De Ladder en allerlei tips die helpen bij verandering. Maar eerst kijken we naar hoe ons gedrag werkt. Waarom doen we eigenlijk wat we doen?

Hoe gedrag werkt...
Bijna iedereen heeft wel een theorie over waarom mensen doen wat ze doen. Dat zie je bijvoorbeeld in discussies op internet. Zo zijn er allerlei ideeën over hoe we de criminaliteit moeten bestrijden, wat je moet doen om te stoppen met roken of hoe je het Nederlands elftal beter kunt laten spelen.

Verreweg de populairste theorie over de werking van ons gedrag is 'motivatie'. Die komt hierop neer: mensen doen dingen omdat ze dat 'willen'. Beginnen met roken, stoppen met roken, te hard rijden, je aan de regels houden, ondernemen, werken in loondienst: je doet het omdat je het wilt.

Bijna iedereen heeft wel een theorie over waarom we doen wat we doen

En eerlijk is eerlijk: motivatie is belangrijk (en ook best complex trouwens). Maar er zijn meer factoren die gedrag bepalen en die je zou moeten kennen als je iets wilt veranderen.

Drie 'aanjagers' van gedrag

Gedragswetenschappers onderscheiden in de regel drie belangrijke aanjagers voor gedrag:

1) capaciteit;
2) motivatie;
3) omgeving.

In gewone-mensen-taal:

1) je moet een bepaalde handeling *kunnen* uitvoeren;
2) je moet het *willen*;
3) de omgeving moet je ook de *gelegenheid* bieden om het te doen.

Ook belangrijk: als je iets wilt veranderen moet je je niet richten op slechts een van deze drie factoren, maar moet je kijken naar het hele plaatje.

Ik kom hier verderop nog op terug. Nu eerst wat meer uitleg per aanjager.

Capaciteit

Mensen hebben *a) fysieke capaciteiten* en *b) psychologische capaciteiten* nodig om bepaald gedrag te kunnen vertonen.

Een voorbeeld: om een goede basketballer te worden, helpt het als je lang bent en veel traint. Om natuurkundige problemen op te lossen, is een hoog IQ handig en kennis van formules.

Motivatie

Om bepaald gedrag te vertonen moet de motivatie, de innerlijke drang om iets te doen, groter zijn dan de motivatie om dit gedrag niet te vertonen of om ander gedrag uit te voeren.
Een eenvoudig voorbeeld: het is avond en je krijgt trek in een kop koffie. Maar je hebt ook zin om zo te gaan slapen. Je denkt: misschien is een kop thee toch slimmer, want de cafeïne houdt me wakker. En je gaat voor de laatste optie.
Ik gebruik met opzet woorden als: trek, zin en ergens voor gaan. Dat is hoe we in de regel praten over motivatie.
Er kan sprake zijn van *a) gecontroleerde motivatie*, waarbij het gaat om onze overtuigingen, het maken van plannen en de bewuste afweging van verschillende mogelijkheden. Er kan ook sprake zijn van *b) automatische motivatie*, waarbij - vaak onbewuste - verlangens, behoeftes en vaak herhaalde denkpatronen ons gedrag aandrijven.

Omgeving

De *a) fysieke omgeving* en *b) sociale omgeving* bevorderen of beperken onze mogelijkheden om bepaald gedrag te vertonen.
Een voorbeeld: in een afgesloten kantoor kun je vaak rustig doorwerken. Maar als je collega's telkens binnenlopen, krijg je toch je klus niet af.

Het samenspel tussen capaciteit, motivatie en omgeving

De drie aanjagers beïnvloeden niet alleen gedrag, maar ook elkaar. Bovendien heeft ons gedrag ook weer invloed op de aanjagers. De pijltjes in het plaatje verderop illustreren dat, maar in de praktijk zul je het ook herkennen.

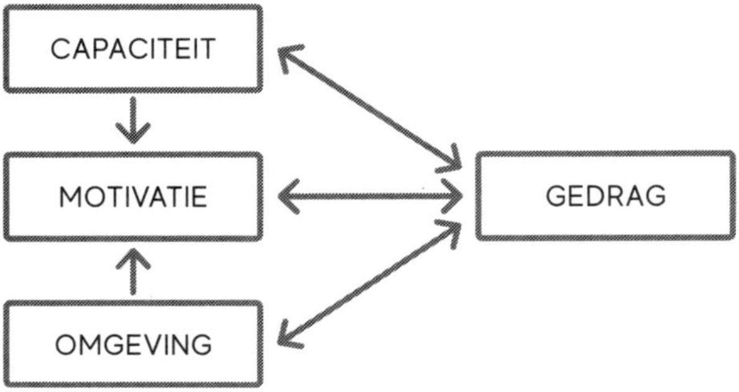

De drie aanjagers van gedrag: capaciteit, motivatie en omgeving

Capaciteit beïnvloedt ons gedrag rechtstreeks. Maar capaciteit heeft ook invloed op onze motivatie.
Een simpel voorbeeld: wanneer we weten dat we slecht zijn in hardlopen, zal dat invloed hebben op onze motivatie om mee te doen aan een hardloopwedstrijd.
Gedrag heeft trouwens ook weer invloed op onze capaciteit. Door iets vaker hard te lopen, worden we er beter in.

Motivatie heeft invloed op gedrag. Maar ons gedrag heeft ook invloed op onze motivatie. Als we iets doen en het lukt, dan zal deze succeservaring onze motivatie voor dit gedrag versterken.
Als we iets vaker gaan hardlopen, en we merken dat onze conditie vooruitgaat en we onze snelheid verbeteren, hebben we misschien toch meer zin om mee te doen aan de hardloopwedstrijd.

Omgeving heeft veel invloed op motivatie. Als het mooi weer is en je ziet mensen hardlopen, krijg je er wellicht ook meer zin in. Maar omgeving heeft ook rechtstreeks invloed op gedrag. Als je er tijd voor hebt en je beschikt over geschikte sportkleding en schoenen, dan wordt het makkelijker om af en toe een rondje te rennen. Met ons gedrag veranderen we vervolgens de omgeving. Als wij gaan hardlopen, vormt dat bijvoorbeeld weer een prikkel voor andere mensen om dit ook te gaan doen.

Wat is de bottleneck?
Als je het gedrag van een persoon of van een groep wilt begrijpen of veranderen, is het belangrijk om niet alleen te kijken naar capaciteit óf motivatie óf omgeving. Je moet kijken naar capaciteit én motivatie én omgeving.

Ga op zoek naar de bottleneck. Wat houdt mensen tegen?

Vervolgens ga je op zoek naar de *bottleneck*. Wat houdt mensen tegen? Zijn het hun capaciteiten, is het hun motivatie, is het hun omgeving?
Een voorbeeld: in een verpleegtehuis willen de medewerkers af en toe graag persoonlijke aandacht aan de bewoners besteden, maar de tijdsdruk maakt dat onmogelijk. Je kunt dan als hun leidinggevende wel proberen om de verplegers extra te motiveren, maar dat zal slechts tot frustratie leiden. Je kunt er niet omheen: je zult iets moeten doen aan de 'omgevingsfactor' tijdsdruk. Of accepteren dat deze verandering niet gaat lukken.

Nu we toch in het verpleegtehuis zijn... Laat ik nog even terugkomen op het handenwassen. Welke rol zouden capaciteit, motivatie en omgeving hierbij kunnen spelen?

Capaciteit en motivatie zijn in dit geval niet de bottleneck. Het probleem is niet dat artsen en verpleegkundigen niet weten hoe ze hun handen moeten wassen of het gewoon niet willen.
Het probleem bij handhygiëne, zo blijkt uit onderzoek, is in de eerste plaats de omgeving: een werkomgeving waar allerlei taken om voorrang schreeuwen, zodat handenwassen heel vaak wordt vergeten en soms ook bewust wordt overgeslagen, omdat het als een hinderlijke onderbreking voelt van belangrijker werk.

Onderzoek laat daarnaast zien dat wanneer slechts weinig mensen zich strikt aan de voorschriften houden - de factor sociale omgeving - het gewenste gedrag automatisch verder vermindert.

Drie belemmeringen voor verandering

Goed. Waar staan we nu? We weten dat veranderen vooral draait om nieuw gedrag. Vooral om het aanleren van nieuw gewoontegedrag. En we weten dat dit niet makkelijk is. Maar wat zijn dan de belemmeringen die ons tegenhouden? Waarom is het zo moeilijk?
In dit gedeelte benoem ik de drie belangrijkste belemmeringen voor het veranderen van ons gedrag.

■ Belemmering 1: automatisch gedrag wint vaak

Een eerste belangrijke belemmering voor gedragsverandering is de voorkeur van ons brein voor gewoontes, voor automatisch gedrag dat al werkt.
Eerder legde ik je uit welke rol *capaciteit* speelt bij de vorming van ons gedrag. Deze belemmering sluit hier nauw bij aan. Soms vraagt een verandering om de ontwikkeling van nieuwe vaardigheden. En soms gaat dat heel snel en soms heel langzaam.

Wanneer je wordt geconfronteerd met een nieuw probleem en iemand legt je uit hoe je dit oplost, dan kan het snel gaan. Je installeert een nieuwe app op je telefoon en een korte animatie laat zien hoe je deze gebruikt. Simpel.
Maar wanneer je in de loop van de jaren een heel repertoire van gewoontegedrag hebt ontwikkeld om te dealen met alle gangbare situaties die je tegenkomt, en je wilt een bestaande gewoonte vervangen door een nieuwe, dan wordt het moeilijk.
Stel je voor, je bent een teamleider die al lange tijd op dezelfde manier leidinggeeft. Je geeft vooral duidelijke instructies en als er geen fouten worden gemaakt, heeft niemand last van je. Je team is al jarenlang niet echt ontevreden, maar ook niet echt blij met je.

Wanneer je op een goede dag besluit dat je liever een inspirerende leider wilt zijn in plaats van een autoritaire, dan komt daar heel wat bij kijken. Je zult dan je gewoontes, de handelingen die je elke dag op de automatische piloot uitvoert, moeten gaan vervangen door nieuw, beter gedrag. Je moet bijvoorbeeld leren om meer open vragen te stellen aan je medewerkers.

In ons brein werken in zulke situaties twee soorten processen tegen elkaar in. Enerzijds maken we bewuste plannen. Maar anderzijds is ons brein primair ingericht op de herhaling van gedrag dat 'werkt' en weinig moeite kost.

Het brein is vooral gericht op de herhaling van gedrag dat 'werkt' en weinig moeite kost

Psychologen zeggen: ons brein streeft naar 'cognitief gemak', het is gericht op voldoende bereiken met weinig moeite.

Door nieuw gedrag te belonen en vaak te herhalen, kun je nieuwe gewoontes opbouwen. Maar onderzoek laat zien dat zelfs het ontwikkelen van hele simpele, zelfgekozen nieuwe gewoontes, die bestaande patronen moeten vervangen - zoals voortaan fruit eten bij de lunch of een paar fysieke oefeningen doen voor het ontbijt - ons gemiddeld al meer dan twee maanden kosten. En moeilijker gedrag kost meer tijd.

Oude gedragspatronen vervangen door nieuwe (oud gedrag 'afleren' en nieuw gedrag 'aanleren', zeggen we dan vaak), ja, dat kan. Maar we onderschatten hoe moeilijk het is en hoe lang het duurt. Omdat ons brein een voorkeur heeft voor gewoontes die goed werken. En dat belemmert ons bij het ontwikkelen van nieuwe capaciteiten.

■ Belemmering 2: onze hekel aan verlies

Een tweede belangrijke belemmering voor gedragsverandering is

de sterke neiging die we hebben om pijn, ongemak en verlies te vermijden.
Eerder in dit hoofdstuk ging het over de invloed van *motivatie* op ons gedrag. Deze belemmering sluit hier nauw bij aan.

Ons brein reageert veel sterker op ongemak, pijn en verlies dan op gemak, plezier en winst. Pijnlijke gebeurtenissen worden ook sneller door ons herkend en langer herinnerd.
Interessant: gedragseconomen hebben vastgesteld dat het verliezen van een geldbedrag twee tot tweeënhalf keer meer impact op ons heeft dan het winnen van precies hetzelfde bedrag. En dan gaat het alleen nog maar om geld en niet eens om persoonlijke bezittingen of sociale verworvenheden als status en vriendschap. Daarbij is het verschil tussen de beleving van winst en verlies nog groter.
Gedragsonderzoekers zeggen: mensen hebben geen hekel aan veranderen als zodanig, maar ze haten het als een verandering tot verlies leidt.

Verlies vermijden, dat is de primaire taak van ons brein

Sommige psychologen zeggen: verlies vermijden, dat is de primaire taak van ons brein. Vooral verlies vermijden voor onszelf, nu en hier, weegt zwaar. Ons brein richt zich automatisch altijd meer op 'ik - nu - hier', dan op 'ander - straks - daar'. Dat is namelijk essentieel om te overleven.
De befaamde psycholoog *Roy Baumeister* zegt het zo: "*Bad is stronger than good.* Overleven vereist dat we altijd alert zijn op mogelijke slechte uitkomsten. Mogelijke goede uitkomsten zijn veel minder belangrijk. Dit verschil is een van de meest basale en belangrijke psychologische wetmatigheden."

Kort samengevat: motivatie is de innerlijke drang die we ervaren om een doel te bereiken of om bepaald gedrag te vertonen. Onze fixatie op het voorkomen van pijn en verlies belemmert in veel gevallen onze motivatie om te leren, experimenteren en veel andere vormen van verandering. “Fouten maken mag”, klinkt bijvoorbeeld mooi op een managementconferentie. Maar diep in ons brein klinkt een oeroude, angstige stem die waarschuwt: “Fouten maken is gewoon fout. Niet doen!”

■ Belemmering 3: onze relatie met de omgeving

Eerder in dit hoofdstuk ging het over de enorme invloed van de *omgeving* op ons gedrag.
De derde belangrijke belemmering voor gedragsverandering sluit hier bij aan. Als de fysieke en de sociale omgeving niet veranderen, veranderen wij ook niet.

Wij reageren de hele dag door vanzelf en vaak onbewust op allerlei fysieke en sociale prikkels die we in onze omgeving waarnemen.
Een paar voorbeelden: als mensen om ons heen vriendelijk knikken, praten we langer door; als we een grotere maaltijd of een groter bord voorgezet krijgen, dan eten we meer.
Zoals gezegd, dat gaat meestal onbewust. Maar ook wanneer je bewust iets wilt, komt dat vaak door de situatie waarin je verkeert. Pas als de brandstof van je auto bijna op is, wil je naar een pomp. Sterker nog: als het reservelampje brandt, is het heel moeilijk om niet te willen tanken.

Aanpassing aan de omgeving gaat automatisch en vaak onbewust. Wie bijvoorbeeld van werkplek verandert, heeft nauwelijks in de gaten hoeveel nieuwe routines hij daar ontwikkelt.

Een van de meest kansrijke manieren om gedrag te veranderen, is dan ook het aanpassen van de omgeving.
Maar vaak stuit dit op allerlei bezwaren. Wie bijvoorbeeld de inrichting van een kantoor wil veranderen om een gezonde leefstijl te stimuleren, bijvoorbeeld door stabureaus te plaatsen, zal eerst in

discussie moeten met zijn collega's.

Volgens Nobelprijswinnaar en gedragseconoom *Richard Thaler* zullen we moeten accepteren dat we voor veranderingen in ons gedrag bijna altijd iets in onze omgeving moeten veranderen. "Dat is een van de basics in het leven. Gedrag wordt in hoge mate gestuurd door de omgeving."

De kunst is om onze werk- en leefomgeving zo in te richten dat het zo makkelijk mogelijk wordt om het gewenste gedrag te vertonen.

Een van de basics in het leven: gedrag wordt in hoge mate gestuurd door de omgeving

Is verandering wel mogelijk?
Als je alle beperkingen voor verandering op een rijtje zet, kun je redelijk moedeloos worden.
We kunnen wel allerlei mooie plannen hebben, maar als ik het heel kort samenvat, dan zijn we eigenlijk volautomatische verliesvermijders die vooral worden gestuurd door de omgeving. Dus je zou kunnen denken: hou maar op, al dat denken en praten over gedragsverandering heeft toch geen zin!

Toch kun je er ook een tikje optimistischer naar kijken: een realistische kijk op wat mogelijk en wat niet mogelijk is, is misschien juist wel het startpunt voor succesvolle verandering.

Thaler, de gedragseconoom die ik eerder al even aanhaalde, gelooft dat meer controle over je gedrag begint met het erkennen van je beperkingen. Hij zegt: "Wees realistisch, we zijn geen perfecte mensen. We zijn niet rationeel, we hebben weinig wilskracht. We hebben vaak hulp nodig om de juiste dingen te doen."

Daarover gaat het volgende hoofdstuk, waarin ik De Ladder introduceer...

Samenvatting

- Wetenschap helpt: meer kennis van veranderen leidt - bewezen - tot meer succes.
- Ons gedrag wordt aangedreven door drie factoren: capaciteit, motivatie en omgeving.
- Drie belemmeringen bij verandering: onze automatismen; onze neiging om pijn te vermijden; onze fysieke en sociale omgeving.

Vraag

Wat is gedrag dat je recent opviel? Bijvoorbeeld op je werk, in het nieuws of bij jezelf...
Hoe spelen capaciteit, motivatie en omgeving daarin volgens jou een rol?

4
De Ladder: 3 stappen naar verandering

- Verandering is complex, houd daarom je aanpak eenvoudig
- De drie treden van De Ladder: doel, gedrag, support
- Hoe werkt het? Plan 'naar beneden' en probeer 'naar boven'

John Kotter, ik noemde hem al eerder, is hoogleraar aan de Harvard Business School en zo ongeveer de bekendste expert in verandermanagement ter wereld. Een paar jaar geleden sprak ik hem ter voorbereiding op een seminar. Het was onze derde ontmoeting en ik was een beetje nerveus. Kotter ergert zich namelijk snel. En voor je het weet, heeft die ergernis betrekking op jou.

Toch werd het een leuk gesprek. We ontdekten namelijk dat we een gemeenschappelijke ergernis hebben: de overdreven complexe modellen die veel consultants gebruiken voor veranderen in organisaties.
Kotter tierde er vrolijk op los: "Het is knettergek. Negentien stappen, met allerlei substappen en aandachtspunten. Het is zo complex dat je de adviseur zelf erbij nodig hebt om het te begrijpen. Wat waarschijnlijk ook de bedoeling is. Als iemand dit soort dingen in een powerpoint-presentatie zet, is het meestal alleen om te bewijzen dat 'ie slimmer is dan de rest. *The smartest guy in the room.*"

Kotters ervaring is dat elk veranderproces lastig is én anders verloopt. En juist dáárom is het zinloos om een model of theorie te ontwikkelen waarin je alle complexiteit probeert te vangen. "Als het gaat om zoiets ingewikkelds en divers als veranderen, dan heb je meer aan een set van eenvoudige regels en principes. Houd het eenvoudig en gebruik je eigen hersenen om deze eenvoudige principes telkens weer toe te passen op de situaties waarin je belandt."

Soms zegt iemand met veel meer kennis en ervaring dan jij, hardop iets wat jij stiekem ook al een tijdje denkt. Dat is altijd een bijzonder fijn gevoel. Dank u, meneer Kotter.

Een simpel, maar slim model
De Ladder is mijn poging om tot zo'n eenvoudig model voor verandering te komen. Een set van simpele principes die je in combinatie met gezond verstand op veel verschillende situaties kunt toepassen.

De Ladder is in de eerste plaats een hulpmiddel om in drie stappen een helder, begrijpelijk veranderplan te formuleren.
Daar is grote behoefte aan. In veel organisaties zijn de plannen voor verandering of ontwikkeling te dik, te vaag en te complex. En veel mensen die privé iets willen veranderen hebben juist helemaal geen plan. Hooguit een vaag voornemen.

Ik gebruik De Ladder ook om gedragswetenschappelijke kennis rond veranderen op een logische en praktische manier te ordenen. Het model presenteert belangrijke inzichten en tips uit onderzoek, in een volgorde die aansluit bij onze natuurlijke manier van plannen maken: eerst een doel stellen en dan uitwerken hoe je daar gaat komen.

De Ladder heeft drie treden (sporten hoor je eigenlijk te zeggen, maar dat doet bijna niemand, heb ik gemerkt) die staan voor drie stappen die in elke verandering voorkomen:
1) het bepalen van je *doel;*
2) het beschrijven van het gewenste *gedrag;*
3) het regelen van *support.*

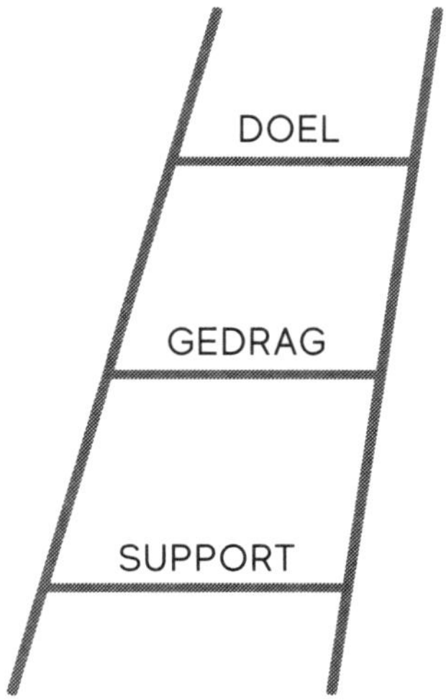

De Ladder: hulpmiddel om in drie stappen een veranderplan te formuleren

De samenhang ligt voor de hand. Als je een nieuw *doel*, nieuwe resultaten wilt bereiken, dan moet je je *gedrag* veranderen. Als je je gedrag wilt veranderen, dan gaat dit niet vanzelf, maar moet je zorgen voor ondersteuning, voor *support*.

De drie treden

Ik licht deze drie treden eerst uitgebreider toe en daarna zal ik, in de volgende drie hoofdstukken, per tree mijn favoriete tips uit gedragswetenschappelijk onderzoek met je delen.

■ De eerste tree: doel

De bovenste tree van De Ladder is 'het doel'. Iedere verandering heeft een einddoel: een nieuwe situatie of een uitkomst die je nastreeft.

Het doel is wat alle verandermoeite uiteindelijk de moeite waard maakt. Sterker nog: vrijwel elke verandering begint met het verlangen naar een bepaald doel, het dromen van iets anders, iets nieuws, iets beters.

- In bedrijven gaat het bijvoorbeeld om: meer innovatie, beter leiderschap, meer winst, tevredener klanten, een grotere relevantie voor de samenleving.
- In privésituaties kun je denken aan: je fitter voelen, een betere relatie, minder geldzorgen, een nieuwe taal leren.
- En in de maatschappij gaat het om dingen als: veiliger verkeer, minder CO_2-uitstoot, betaalbare zorg, beter onderwijs.

De meeste mensen die beginnen aan een verandering weten naar welke uitkomst ze streven. Misschien is het einddoel niet altijd superscherp geformuleerd, maar er is bijna altijd wel een beeld van een gewenst resultaat.

Hoeveel veranderdoelen? Eén tegelijk!

In een bedrijf en ook in je dagelijkse werk kun je gerust meerdere doelen tegelijk nastreven. Zolang het gaat om doelen die met *routinegedrag* bereikt kunnen worden. Dus formuleer gerust commerciële doelen voor je zzp-praktijk én doelen op het gebied van gezondheid én doelen voor de studie die je erbij doet, mits je al deze doelen kunt bereiken met gedrag dat je *nu al* vertoont. Prima.

Maar... Als je iets wilt veranderen, als je iets wilt doen waar *nieuw* gedrag voor nodig is, houd het dan bij één doel. Dat is al moeilijk genoeg.

Heb je toch meerdere doelen, maak er dan een prioriteitenlijst van. In de meeste gevallen zul je erachter komen dat je uiteindelijk alleen toekomt aan prioriteit nummer één.

■ De tweede tree: gedrag

De middelste, centrale tree van De Ladder is 'gedrag'. Om tot nieuwe, andere, betere resultaten te komen, is in veel gevallen nieuw, ander, beter gedrag nodig.

Soms gaat het om gedrag van één persoon. Soms van meerdere personen. Soms gaat het om een éénmalige handeling. Maar meestal is er blijvend nieuw gedrag nodig. Nieuwe gewoontes om tot nieuwe, houdbare resultaten te komen.

Ga maar na: ook al begint een verandering met een paar grote eenmalige stappen - bijvoorbeeld het starten van een eigen bedrijf - dan zul je daarna alsnog aan de slag moeten met het ontwikkelen van nieuwe gewoontes waarmee je succesvol wordt en blijft als ondernemer.

Gedragsvoornemens worden vaak te vaag en te vrijblijvend geformuleerd

Blijvend andere dingen doen, het is de essentiële én doorgaans de zwakke schakel als het gaat om veranderen.

Te vaag en vrijblijvend

Veel mensen die beginnen aan een verandering, hebben geen helder beeld van het gedrag dat nodig is om hun doel te bereiken. Gedragsvoornemens worden vaak te vaag en te vrijblijvend geformuleerd. Een paar gangbare, vage gedragsvoornemens:

- We willen meer aandacht voor de menskant in het werk.
- Ik wil iets minder op m'n smartphone zitten.
- Wij gaan minder eten, meer bewegen.

Het scherp formuleren van gedrag is niet makkelijk en valt sociaal ook niet altijd goed. Vrijblijvende adviezen zijn voor mensen namelijk vaak makkelijker te formuleren en te accepteren dan

scherpe instructies. Met vage praatjes houd je in de regel meer mensen te vriend.
Vaak is het wenselijk, bijvoorbeeld in een bedrijf, om mensen hun eigen gedragsvoornemen te laten formuleren. Dat is doorgaans goed voor de motivatie die zij ervaren bij dat voornemen.
Maar ook hierbij is mijn ervaring dat veel mensen het niet echt fijn vinden wanneer ik blijf doorvragen: "Wat ga je daar concreet voor doen?" Net zolang tot hun voornemen concreet genoeg is.

Wanneer je wilt veranderen breekt er echter altijd een moment aan waarop je concreet moet formuleren: wie gaat wat doen om de verandering te realiseren? Hoe vaak, hoe lang, hoe intensief? Waar, wanneer en met wie?
Voor een succesvolle verandering is het essentieel dat het gewenste gedrag volstrekt duidelijk is voor de mensen die het moeten uitvoeren.
Mijn persoonlijke vuistregel is even simpel als streng: je moet het gewenste gedrag kunnen voordoen en nadoen.

Sleutelgedrag
Ik herhaal het gewoon nog maar eens: gedragsverandering is moeilijk en meestal lukt het ons om aan hooguit één gedragsverandering tegelijk te werken.
Kies daarom voor gedrag dat zo veel mogelijk impact heeft op het gekozen doel en dat - als het even kan - geen negatieve, maar wel positieve neveneffecten heeft. *Sleutelgedrag* noemen we dat wel.

Een voorbeeld: je wilt als manager de creativiteit van alle medewerkers gebruiken. Het sleutelgedrag dat je hiervoor kiest is bijvoorbeeld het tonen van nieuwsgierigheid door het stellen van open vragen in één-op-ééngesprekken en vergaderingen. Dit leidt, behalve tot meer creativiteit, ook tot betere onderlinge verhoudingen en wellicht tot imitatie van dit gedrag onder collega's.

Er wordt door gedragsonderzoekers af en toe een uitzondering gemaakt op de regel om aan één gedragsverandering tegelijk te werken. Soms is er voor het sleutelgedrag dat je hebt geformuleerd een nieuwe, ondersteunende handeling nodig.
Stel dat je als leidinggevende voortaan periodiek persoonlijke gesprekken met al je medewerkers wilt voeren, dan zul je - het ligt voor de hand - daarvoor andere zaken in je agenda moeten delegeren.

De derde tree: support

De onderste sport van De Ladder heet 'support'. Hierbij gaat het om alle technieken die je kunt inzetten om het nieuwe, gewenste gedrag te ondersteunen. Zonder support lukt gedragsverandering niet.

Iedereen met een beetje levenservaring weet dat een aantrekkelijk doel en goede voornemens vaak maar een kortstondig en gering effect op ons gedrag hebben.
Daarom moeten we, als het om een verandering gaat die we echt belangrijk vinden, een stap verder gaan en ook stimuleren dat het gedrag daadwerkelijk optreedt. Er is ondersteuning, support nodig. Maatregelen, technieken, prikkels, interventies die ons helpen om het gewenste gedrag ook echt te vertonen.

> Support is vaak het stiefkindje bij veranderingen

Support-technieken zijn er in allerlei soorten en maten. Enkele eerste voorbeelden (later volgen er nog veel meer):

- Een groot whiteboard aan de wand van ons kantoor dat elke dag laat zien welke stappen we al hebben gezet in de richting van ons doel.
- Een cursus waar we kunnen oefenen in het voeren van betere gesprekken en het omgaan met lastige situaties in de opvoeding van onze kinderen.

- Verkeersborden, wegversmallingen en drempels die je helpen om in een woonwijk - zonder veel bewuste overweging - je snelheid te matigen.

Van de drie treden van De Ladder wordt *support* in de praktijk het meest verwaarloosd. Support is vaak het stiefkindje bij veranderingen, zeker in privésituaties.
Dat is ook wel logisch. Als het doel vaak al niet duidelijk is en het gewenste gedrag slechts in vage termen is omschreven, dan is het onmogelijk om gerichte support in te zetten.
Ook hebben mensen vaak geen idee met welke technieken ze gewenste gedragingen zouden kunnen ondersteunen.
Zelfs veel professionele beïnvloeders, zoals managers en bestuurders, komen vaak niet verder dan op de zeepkist klimmen en vertellen wat er moet gebeuren. En dat in de meest vage termen. Bijna wekelijks hoor ik managers dingen zeggen als: "Laten we de komende maanden allemaal wat meer ons best doen om de klant op nummer één te zetten."
Soms volgen nog wat goedbedoelde aanmoedigingen, zoals: "Help elkaar als collega's ook echt daarbij."
En dat is het dan.

Eén doel, één gedraging, drie support-technieken
Het onderzoek dat ik aanhaalde in hoofdstuk 3 liet het al zien, maar het is ook mijn persoonlijke constatering na veldexperimenten in allerlei bedrijven: één support-techniek inzetten is onvoldoende.

Een simpele vuistregel die ik hanteer is: één - één - drie. Als je iets wilt veranderen, stel dan één doel, kies één gedraging en gebruik *minimaal* drie verschillende support-technieken. In de praktijkgids, achter in dit boek, wordt een hele reeks support-technieken genoemd.

Een paar 'verborgen' voordelen

De Ladder is een eenvoudig model. Een kind kan het begrijpen en onthouden. En dat is ook precies de bedoeling. Want een model dat je niet begrijpt en onthoudt, zul je ook niet gebruiken.

In de praktijk heb ik ervaren dat het werken met De Ladder een paar 'verborgen' voordelen heeft...

De eenvoudige structuur helpt je om inzichtelijk te maken hoe je stap-voor-stap een verandering denkt te realiseren.
Ik herhaal het nog maar eens: eerst bepaal je het *doel* dat je uiteindelijk wilt. Daarna beschrijf je het *gedrag* dat nodig is voor dit doel. En daarna bepaal je de *support* die nodig is voor dit gedrag. Als deze drie elementen niet logisch met elkaar samenhangen, valt je dat meestal meteen op.

Ook helpt het model je om alle drie de stappen helder en concreet uit te werken voordat je aan de slag gaat met een verandering. Zeker als je samenwerkt met andere mensen, is dat geen overbodige luxe.

Daarnaast helpt het Laddermodel je, door 'omlaag te plannen' en 'omhoog te proberen', zorgvuldig en stap-voor-stap na te denken over je verandering.
Wat bedoel ik daarmee? Je maakt eerst je plan, van boven naar beneden: je bepaalt je doel, vertaalt het naar concreet gedrag en bedenkt welke support je nodig hebt.
En daarna probeer je of het werkt, van beneden naar boven: je regelt je support, start het gedrag en houdt in de gaten of het doel dichterbij komt.
Dit laatste is per definitie een leerproces. Onderweg check je: treedt het gedrag op? Komt het doel al in zicht? Zo niet, moet ik dan misschien mijn support-aanpak bijstellen? Moet ik net iets ander gedrag kiezen?

Nog een verborgen voordeel... Ik schrijf in dit boek vooral over veranderen. Maar als je leidinggeeft - in een bedrijf, in een vrijwilligersorganisatie, op een school, in een gezin - dan zul je veel van de beschreven stappen en inzichten regelmatig tegenkomen. In feite draait het ook bij leiderschap om de stappen die in dit boek centraal staan: een nieuw doel stellen, gewenst gedrag formuleren - liefst samen met je medewerkers - en de support organiseren én geven om ook echt in actie te komen. De Ladder is dus ook van toepassing op leiderschap.

Ook bij leiderschap draait het om doel, gedrag en support

En voor zelfsturing of persoonlijk leiderschap geldt hetzelfde. Je stelt een ontwikkeldoel, je bepaalt wat je daarvoor moet doen en je neemt maatregelen om jezelf zo ver te krijgen.

Zo meteen... tips!

In de komende drie hoofdstukken geef ik je bij elke tree van De Ladder drie tips. De tips heb ik gekozen op basis van gedragswetenschappelijke publicaties, eigen onderzoek en mijn praktische ervaring in het werken met managers en professionals uit allerlei organisaties.

Daarbij heb ik onder meer geleerd dat verandertips écht eenvoudig moeten zijn. Wat niet eenvoudig te onthouden en eenvoudig toe te passen is, sneuvelt per definitie in de dagelijkse chaos.

Naast deze drie keer drie tips - mijn persoonlijke favorieten zou je kunnen zeggen - vind je in de praktijkgids achter in dit boek een lijst met aanvullende tips op het gebied van gedragsverandering. Allemaal afkomstig uit onderzoek. Allemaal praktisch toepasbaar. Ook deze lijst met tips heb ik geordend aan de hand van De Ladder: doel, gedrag, support.

Samenvatting

- Veranderen vergt: een helder doel, concreet gedrag en effectieve support-technieken.
- Plan naar beneden: van doel, naar gedrag, naar support. Probeer naar boven: van support, naar gedrag, naar doel.
- Kies één doel, één gedraging en minimaal drie support-technieken.

Vraag

Herken je de drie treden van De Ladder - doel, gedrag, support - ook in andere plannen die je maakt?
En hoe zou je deze drie treden kunnen toepassen op de verandering die je momenteel overweegt?

5

De bovenste tree: het doel

- De kracht van Monopoly, Scrabble en 30 Seconds
- Waarom hebben mensen eigenlijk doelen nodig?
- Drie tips om effectieve doelen te formuleren

In ons gezin houden we van spelletjes. Monopoly, Scrabble, 30 Seconds, dat genre. En als we een spelletje doen, dan gaan we ervoor. We maken veel lawaai en vechten elkaar de tent uit. Gedurende een paar uur is het oorlog.

Maar als het spel is afgelopen, dan bergen we het spul weer op in de kast en begraven gelijktijdig de strijdbijl. Niemand die daarna nog verwijtend terugkomt op wat er gebeurde tijdens het spel (nou ja, meestal niet). We richten ons weer op andere dingen.

Waarom vertel ik dit? Omdat het iets laat zien van de bijna magische kracht die doelen hebben.

Tijdens een spelletje richt je je op een doel dat ooit door iemand is vastgelegd in een paar spelregels. "Zorg dat je de meeste straten en hotels krijgt." Of: "Scoor de meeste punten door lange woorden te leggen." Al je energie en creativiteit zijn gedurende het spel gericht op dat doel.

Doelen zijn een soort motivatie-magneten. Ze wijzen ons de richting, ze stimuleren actie, ze helpen ons om te zien of we vooruitgang boeken. Alle reden om doelen bloedserieus te nemen. En niet alleen tijdens een spelletjesavond.

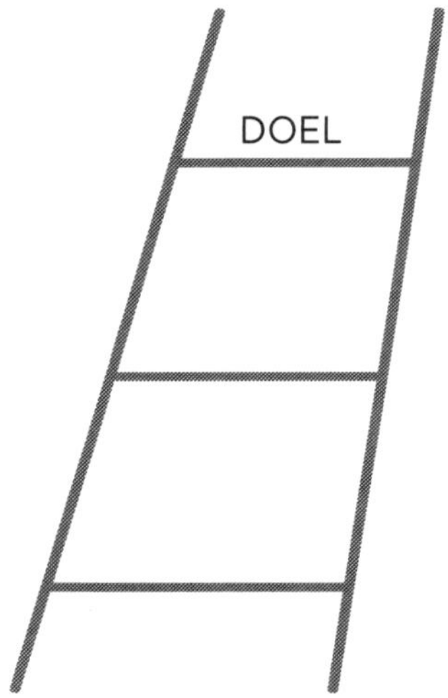

De Ladder: de bovenste tree, het doel

Waarom is het doel zo belangrijk?
Mensen kunnen niet zonder dromen en doelen. We hebben iets nodig om 's morgens voor op te staan.

Managementonderzoekers weten dat doelen essentieel zijn voor onze motivatie. Volgens een van de grondleggers van het onderzoek naar doelen, *Edwin Locke*, hebben doelen meerdere positieve effecten:

- Doelen wijzen ons de weg: ze sturen onze aandacht en inspanning in de richting van taken die doelgericht zijn.
- Doelen geven ons energie: ambitieuze doelen leiden tot meer inspanning dan doelen die te makkelijk bereikbaar zijn.
- Doelen vergroten ons doorzettingsvermogen: we houden werkzaamheden langer vol als er een duidelijk, ambitieus én haalbaar doel is.
- Doelen stimuleren de creativiteit: als we worden geconfronteerd met een doel, gaan we op zoek naar manieren om er te komen.

Organisatiepsycholoog *Fred Luthans* stelde daarnaast vast dat het werken met heldere doelen leidt tot meer hoop, zelfvertrouwen, veerkracht en optimisme. En dat leidt dan weer tot betere prestaties, meer tevredenheid, minder verzuim en minder cynisme in organisaties.

Juist als je iets wilt veranderen is een doel belangrijk. Een doel biedt houvast in onzekere tijden.
Of je nu in je eentje verandert of met een groep mensen, onderweg steken allerlei emoties, meningen en ideeën de kop op. Door een helder doel te bepalen, kun je beter beoordelen welke daarvan relevant zijn.

Doelen en de aanjagers van ons gedrag
Even opfrissen. In hoofdstuk 3 schreef ik over *capaciteit*, *motivatie* en *omgeving*, de drie aanjagers van gedrag.
Het bepalen van het doel van een verandering heeft een grote impact op deze drie factoren. Doelen stimuleren de *motivatie*. Ze zorgen ervoor dat we zin krijgen om sommige taken wel op te pakken en andere niet. Aan de andere kant geldt: doelen waarvan je denkt dat ze een beroep doen op *capaciteiten* die je niet hebt, of doelen waarvan je denkt dat ze onhaalbaar zijn in jouw *omgeving*, werken juist demotiverend.

Ik hoor regelmatig managers ambities uitspreken waarvan je medewerkers ziet denken: dat kunnen wij helemaal niet. Of: dat gaat helemaal niet in ons bedrijf.
Dit werkt ondermijnend. Als leider zou je je eerst moeten verdiepen in de capaciteiten die medewerkers wél hebben en in de mogelijkheden die de werkomgeving wél biedt. Daarnaast zou je - gelijktijdig met je ambities - kunnen uitleggen hoe je gezamenlijk de capaciteiten gaat ontwikkelen en hoe je de omgeving - bijvoorbeeld machines, regels en personele bezetting - gaat aanpassen om de nieuwe ambitieuze doelen te halen.

Drie tips

Kort en goed: het bepalen van je doel is vaak het startpunt van een verandering, het is belangrijk en er zijn allerlei inzichten en ideeën rond het slim formuleren van doelen. Ik geef je hieronder mijn drie favoriete tips.

■ TIP 1: Kies - als het even kan - geen prestatiedoel, maar een ontwikkeldoel

Bijna elke ondernemer die nu succesvol is, heeft het plan waar zij of hij ooit mee begon onderweg flink moeten bijstellen. Ondernemen is niet: een plan maken en scoren. Het is meer: een plan maken, proberen, fouten maken, veel leren, bijsturen en dan hopelijk scoren.

Dit inzicht is cruciaal. Niet alleen voor startende ondernemers. Het is voor alle vormen van verandering en vernieuwing essentieel dat je beseft dat het vooral om leren en ontwikkelen gaat.
Daarom is het belangrijk om doelen te stellen die hier rekening mee houden.

Verschillende effecten

Gedragswetenschappers zijn al een paar decennia bezig met het verschil tussen prestatie- en leerdoelen.
Enkele voorbeelden van prestatie- en leerdoelen:

- Een prestatiedoel kan zijn: we gaan voor een marktaandeel van 10 procent.
- Een leerdoel kan zijn: we willen minstens vijf manieren ontdekken om ons marktaandeel te verhogen. Of: we gaan de komende drie maanden onderzoeken wat er allemaal nodig is voor een groter marktaandeel.
- Prestatiedoel: ik wil minstens een 8,0 als evaluatie van mijn team.
- Leerdoel: ik ga het komende jaar verschillende manieren proberen om mijn evaluatie omhoog te krijgen. Of: ik wil mijzelf dit jaar op allerlei manieren ontwikkelen tot een meer inspirerende leider.

Leerdoelen draaien om het ontwikkelen van nieuwe capaciteiten. Bijvoorbeeld: voor het eind van de maand wil ik twee manieren leren om nieuwe klanten te werven.
Prestatiedoelen draaien om het laten zien van wat je kunt. Bijvoorbeeld: voor het eind van de maand werf ik tien nieuwe klanten voor mijn bedrijf.
Prestatiedoelen werken goed als je iets al kunt. Leerdoelen werken beter als je een nieuwe vaardigheid moet ontwikkelen, zoals bij veranderingen doorgaans het geval is.

De Amerikaanse bedrijfskundige *Don Vandewalle* deed bijvoorbeeld eind jaren '90 van de vorige eeuw een onderzoek onder verkopers die een nieuw product in de markt moesten zetten. Ook bij deze typische 'prestatie-populatie' bleken leerdoelen uiteindelijk tot de beste verkoopresultaten te leiden.

Ieder doel creëert en organiseert zijn eigen wereld

Ook psycholoog *Arjan van Dam* deed onderzoek naar leerdoelen. Hij zegt dat het prima is om je eerst af te vragen wat je uiteindelijk wilt bereiken. Denk aan een succesvolle eigen zzp-praktijk of een stap vooruit in je loopbaan. Maar meteen daarna moet je jezelf de vraag stellen: wat wil ik leren? Welke kennis wil ik hiervoor vergaren en welke vaardigheden wil ik ontwikkelen? Deze punten vormen samen je leerdoel.

Verschillende werelden
Hoe je doelen formuleert maakt dus veel uit. De psychologen *Elaine Elliot* en *Carol Dweck*, twee van de grondleggers van het onderzoek naar doeloriëntatie, zeggen het zo: "Ieder doel creëert en organiseert in zekere zin zijn eigen wereld. En iedere wereld roept zijn eigen gedachten en emoties op en leidt tot andere gedragingen." Wie een leerdoel stelt in plaats van een prestatiedoel, zorgt zo dat hij veranderingen effectiever aanpakt.

Hieronder zet ik de belangrijkste verschillen tussen prestatiedoelen en leerdoelen, zoals die uit onderzoek naar voren zijn gekomen, voor je op een rijtje:

- Prestatiedoelen zorgen ervoor dat we willen tonen wat we al kunnen. Of dat we juist willen voorkomen dat wordt ontdekt wat we niet kunnen. Leerdoelen leiden ertoe dat we onze capaciteiten gaan ontwikkelen.
- Mensen stoppen gemiddeld meer tijd en moeite in het nastreven van een leerdoel dan van een prestatiedoel.
- Bij een leerdoel ervaren we fouten niet als een stap achteruit, maar juist als een stap vooruit in het proces.
- Met een leerdoel zul je feedback van anderen meer op prijs stellen en er ook sneller om vragen.
- Leerdoelen sluiten meer aan bij de dagelijkse praktijk. Vaak gaat het niet om slagen óf falen, maar om telkens iets beter worden in je werk, in het onderhouden van relaties en in andere zaken die het leven de moeite waard maken.
- En - voor veel mensen de grote verrassing - in veel gevallen leiden leerdoelen uiteindelijk tot hogere prestaties dan prestatiedoelen. Met name wanneer het gaat om nieuwe, complexe taken.

Natuurlijk zijn er allerlei situaties te verzinnen waarin prestatiedoelen prima werken. Wanneer je voor een resultaat in je bedrijf niets nieuws hoeft te leren, maar alleen je inspanning wat moet verhogen, dan is het geen probleem om te zeggen: ik ga deze maand 10 procent hoger scoren.

Maar als je vermoedt dat je er niet gaat komen met alleen wat harder werken, dat je doel draait om écht nieuwe dingen doen, om innovatie en substantiële verbetering, dan is het effectiever om te werken met leerdoelen.

■ TIP 2: Formuleer een helder 'waarom' voor je doel

Gedragsonderzoekers stellen dat mensen meer gemotiveerd zijn voor doelen en taken wanneer ze begrijpen *waarom* ze eraan werken. Een helder 'waarom' maakt je doel krachtiger.

Zo'n waarom kan verschillende vormen aannemen.
Het is motiverend wanneer je veranderdoel verband houdt met waarden die voor jou belangrijk zijn. Zoals: opkomen voor zwakkeren, een beter milieu, het behoud van werkgelegenheid. Zeg maar: een 'hoger doel'.
Daarnaast kun je worden geconfronteerd met een actueel probleem dat dringend opgelost moet worden. Dat leidt dan tot een gevoel van urgentie.

> Een helder waarom maakt je doel krachtiger

Een voorbeeld: je ziet dat het hotel waar je werkt steeds vaker lege kamers heeft. Je realiseert je dat als er niets wordt gedaan, je de tent dan straks wel kan sluiten.

Een 'hoger doel'
Onderzoeken naar tevredenheid, betrokkenheid, motivatie en prestaties op het werk laten zien dat de missie of het doel van een organisatie belangrijk is. Mensen houden van het gevoel dat ze deel uitmaken van iets wat groter is dan zijzelf.
Een helder waarom in een bedrijf werkt motiverend, mits mensen de waarden die het bedrijf wil nastreven zelf ook relevant vinden. Waarden die daarbij vaak worden genoemd door medewerkers zijn: vrijheid; eerlijkheid; verantwoordelijkheid; niet alleen voor jezelf werken, maar voor de gemeenschap als geheel.

De schrijver *Aaron Hurst* is oprichter van een platform dat werkgevers en werknemers helpt om abstracte begrippen als 'een hoger doel', 'betekenis' of 'het waarom' concreet handen en voeten te geven.

Hurst deed samen met *LinkedIn* onderzoek in veertig landen. Daarbij werd bij ruim 26.000 mensen vastgesteld wat hun primaire drijfveer was als het ging om werk: geld, status of betekenis?

Voor alle ondervraagden was betekenis belangrijk en voor 37 procent van hen bleek betekenis zelfs de primaire drijfveer. Deze groep heeft in de regel meer plezier in het werk, is trouwer aan zijn werkgever en levert hogere prestaties.
Interessant: uit het onderzoek bleek dat betekenis bijzonder sterk leeft in Nederland. Van alle onderzochte landen worden wij als Nederlanders, samen met de Zweden en de Duitsers, het sterkst gemotiveerd door betekenis in het werk.

Praktisch: wanneer je een veranderdoel formuleert, en dit doel een logische relatie heeft met een 'hoger doel', dan is het belangrijk om dit voor jezelf en anderen duidelijk te onderstrepen.
Denk aan het milieuvriendelijker maken van de processen en producten van je bedrijf. Of het inzetten van je kennis en kunde voor zwakkere doelgroepen in de samenleving. Of het streven naar betere arbeidsomstandigheden voor collega's in ontwikkelingslanden.
Tijdens een verandering vragen veel mensen zich onderweg af: waarvoor doen we dit ook alweer? Een helder waarom, verbonden met een 'hoger doel' geeft je een motiverend antwoord op die vraag.
Aan de andere kant: wanneer je een veranderdoel formuleert en er is geen logische relatie met een 'hoger doel', ga er dan ook niet krampachtig een verzinnen. Zeker niet als je leiding geeft in een organisatie. Medewerkers zullen dit namelijk al gauw ervaren als een truc.

Een gevoel van urgentie
Een *burning platform* noemen veranderexperts het wel. Het gevoel dat er nú iets moet gebeuren. De term werd gemeengoed door de ramp op het olieplatform *Piper Alpha*. Het platform voor de kust van Schotland was op 6 juli 1988 door een gasexplosie in brand gevlogen. Een van

de overlevenden, *Andy Mochan*, vertelde in een tv-programma hoe hij door de brand gedwongen was om 30 meter naar beneden te springen, in het donker, in de ijskoude zee, zonder dat hij wist of er redding onderweg was. Het was verbranden of - letterlijk - een sprong in het duister.

> Bekijk niet alleen de voordelen van de verandering, maar ook de nadelen van de status-quo

Een gevoel van urgentie is vaak een voorwaarde om in beweging te komen. Pas als de pijn van het niet-veranderen groter is dan de pijn van het wel-veranderen, volgt er actie.
Een gevoel van urgentie is daarnaast het sterkst wanneer de mensen die in actie moeten komen, dit persoonlijk ervaren. Het moet, bijvoorbeeld in een bedrijf, niet alleen maar het gevoel van het management zijn.

Praktisch: kijk dus, wanneer je nadenkt over een verandering, niet alleen naar de voordelen van de verandering, maar ook naar de nadelen van de status-quo. Wat gaat er mis als je niets verandert?
En als je samen met anderen wilt veranderen, verkoop dan eerst het probleem en niet meteen de oplossing. Laat mensen het probleem eerst ervaren en zelf op zoek gaan naar oplossingen.

Nog wel een waarschuwing. Als het gevoel van urgentie zeer sterk is en we geen mogelijkheden zien om tot verbetering te komen, vluchten we liever dan dat we vechten.
Urgentie is als koffie. Eén kopje zorgt ervoor dat je alerter wordt en beter gaat presteren. Vijf kopjes zorgen voor zoveel onrust dat je niets meer gedaan krijgt.
Veranderingen waarbij de urgentie te hoog oploopt, ontaarden vaak in paniekvoetbal.

Een waarom moet je voelen

Of het nu gaat om een *'hoger doel'* of een *gevoel van urgentie*, het motiverende effect is het grootst wanneer we de noodzaak van een verandering persoonlijk ervaren.

Als het gaat om een 'hoger doel' heb ik dat zelf meegemaakt. De afgelopen jaren heb ik regelmatig vrijwilligerswerk gedaan voor hulporganisaties. Wanneer ik spreek met de leidinggevenden van deze organisaties, raak ik doorgaans gemotiveerd om me in te zetten voor een project. Maar de keren dat ik persoonlijk kon kijken bij de doelgroepen waarop het hulpproject gericht was, was de impact veel groter.
Als je bijvoorbeeld voor het eerst in je leven een bezoek brengt aan een sloppenwijk of een vluchtelingenkamp, maakt dit een diepe indruk. Je voelt: hier moet iets gebeuren, voor deze mensen wil ik me inzetten.

John Kotter, die ik eerder aanhaalde, zegt dat een gevoel van urgentie ook draait om zélf zien en ervaren. *See - feel - change* noemt hij dat. En dat heeft meer effect dan de aanpak die vaak in bedrijven wordt gevolgd: *analyze - think - change*. Niet analyse en nadenken leiden tot de wens om te veranderen. Maar het persoonlijk zien en voelen van echte problemen leidt tot het verlangen om in actie te komen.
Een voorbeeld: ik maakte eens een bijeenkomst mee waarbij klanten onder leiding van een moderator met elkaar spraken over de klachten die ze hadden over producten. De fabrikanten van deze producten zaten ook in de zaal en mochten alleen luisteren. Velen van hen schrokken zichtbaar van de verhalen die ze hoorden. Ze voelden dat het tijd was voor verandering.

■ TIP 3: Heb je meer dan één doel, maak dan een heldere prioriteitenlijst

Of het nu op het werk is, op school of thuis, mensen gedijen bij duidelijkheid. We stellen ons vragen als: wat wordt er op dit moment van mij verwacht? Wat is het belangrijkste om nu te doen? Welke keuze is goed in deze situatie?

Om in een complexe wereld keuzes te maken, zijn heldere doelen belangrijk. Het mooiste is één doel tegelijk. En als er sprake is van meerdere doelen, dan wil je weten: welk doel is het belangrijkst en wat komt daarna? Wat zijn de prioriteiten?
Dat geldt al in het gewone dagelijkse werk. En dat geldt nog sterker als we iets willen veranderen.

Als het even kan: één doel

Aan het begin van deze eeuw was het een populaire mythe dat vrouwen konden multitasken en mannen niet. Maar hersen- en gedragsonderzoek hebben de afgelopen jaren overtuigend aangetoond dat allebei de seksen niet goed zijn in het verdelen van hun aandacht over twee of meer taken tegelijk. Multitasken, zeggen onderzoekers, leidt onder meer tot minder geconcentreerd en trager werken en tot het maken van meer fouten.

> Multitasken leidt tot trager werken en meer fouten

Wat in de regel nog wel gaat is gewoontegedrag - gedrag dat we onbewust en automatisch kunnen uitvoeren - combineren met een gesprek of iets anders. De meeste Nederlanders kunnen wel een broodje kaas eten op de fiets zonder brokken te maken. Maar een serieus telefoontje voeren in de auto en tegelijk de juiste route kiezen op het Prins Clausplein bij Den Haag? Ik ben al heel wat keren richting Delft gereden terwijl ik naar Amsterdam moest, of andersom.

Werken aan één doel tegelijk levert daarentegen flinke winst op. De onderzoekers *Judith Olson* en *Gary Olson* experimenteerden in een aantal grote bedrijven met zogenaamde *war rooms,* kantoorkamers waar één team tegelijk aan één project werkt. Gevolgen? Een flink hogere productiviteit: tot twee keer zo hoog als in de gewone kantooromgeving. En een flink kortere doorlooptijd per project: tot een derde van de reguliere tijd.

Bij veranderen gaat het om het werken aan een nieuw doel en het ons eigen maken van nieuw gedrag. Juist daarvoor hebben we al onze aandacht nodig. Kies daarom als het even kan voor één doel tegelijk. En als er sprake is van meerdere doelen, pak ze dan een voor een op.

Doe als Disney

Enkele jaren geleden deed ik onderzoek bij een groot telecombedrijf. Om het dagelijkse werk goed te leren kennen, liep ik een aantal werkdagen mee met verschillende monteurs. Ik kwam over de vloer bij particulieren en bedrijven, observeerde, werkte mee en sprak onderweg in het busje uitvoerig met mijn gastheren.

Ik vroeg ook aan de monteurs wat de belangrijkste doelen waren in het werk. Iedereen was het erover eens: twee doelen waren het belangrijkst: maximale klanttevredenheid én maximaal factureren. Beide telden even zwaar.
Wanneer ik vroeg of deze twee doelen wel eens met elkaar botsten, werd er lachend geantwoord: "Jazeker, de hele tijd!"
In de praktijk zag ik dat de monteurs hun eigen afwegingen maakten, waarbij vaak 'klanttevredenheid' als argument werd gebruikt om minder te factureren. Het spreekt voor zich dat veel klanten hier wel blij mee waren en de monteurs ook uitvoerig bedankten.

Het kan ook anders. Wie in een Disneypark gaat werken krijgt een grondige tweedaagse training waarbij de volgende rangorde van prioriteiten centraal staat:
1) veiligheid;
2) hoffelijkheid;
3) show;
4) efficiëntie.

Het gaat me niet zozeer om de inhoud, alswel om de helderheid. Vier krachtige woorden in een duidelijke volgorde die je helpen om keuzes te maken in je werk. Iedereen begrijpt na die twee dagen: als ik de straat aan het vegen ben en ik zie een kind boven op een prullenbak klimmen, dan onderbreek ik mijn werk en richt ik me eerst op de veiligheid van dat kind.

De les is eenvoudig: doe als Disney. Als je iets wilt veranderen en er zijn meerdere doelen, zorg dan voor een kort genummerd lijstje met duidelijke, goed onderscheiden prioriteiten. Prioriteiten die je helpen om duidelijke keuzes te maken in je gedrag.

Tot zover de tips om doelen te bepalen. We klimmen in het volgende hoofdstuk een tree omlaag op De Ladder, naar de tips rond het selecteren en beschrijven van gedrag.

Samenvatting

- Kies - als het even kan - geen prestatiedoel, maar een ontwikkeldoel.
- Formuleer een helder 'waarom' voor je doel. Waarom is je doel belangrijk, waarom wil je er nú aan werken?
- Heb je meer dan één doel, maak dan een heldere prioriteitenlijst.

Vraag

Welk ontwikkeldoel zou je kunnen bedenken voor de verandering die je overweegt?

6

De middelste tree: het gedrag

- "Verrassend hoeveel mensen hier nooit over nadenken"
- Hoe kom je tot goede gedragsvoornemens? Drie tips!
- Serieus belangrijk: kies gedrag dat je leuk vindt

Icek Ajzen - een held in de wereld van de veranderpsychologie - is een wijze, kalme, vriendelijke en bescheiden man. Maar toen ik hem een paar jaar geleden interviewde over zijn vak, nam hij geen blad voor de mond.
Zo vindt Ajzen dat veel mensen die besluiten nemen in het bedrijfsleven en bij de overheid, de kennis en het kritische vermogen missen om goed na te denken over verandering. Een belangrijke reden voor het hoge percentage mislukte interventies.

Volgens Ajzen gaat het vaak mis op een van de meest cruciale punten: "Als je iets wilt veranderen, zul je het gedrag dat nodig is, duidelijk moeten definiëren. Dat is de belangrijkste stap in het hele proces. En het is verrassend hoeveel mensen hier nooit over nadenken."

Ook zelf heeft hij dat moeten leren. Hij vertelde hoe hij jaren geleden, in het kader van een onderzoek, alcoholisten moest werven voor een cursus.
Ajzen: "Om ze zover te krijgen hield iemand een verhaal over de gevaren van alcohol. Als ze zouden doorgaan met drinken, zouden hun gezondheid en mentale vermogens worden aangetast. Maar we kregen minder inschrijvingen dan zonder de voorlichting."

Ajzen ging met zijn team nog eens om de tafel zitten en ontdekte waar de fout zat: "De boodschap ging over drinken. Maar het gedrag dat we wilden bereiken was dat ze zich zouden inschrijven voor de training. Dat zijn twee verschillende zaken. Vervolgens hebben we een nieuwe boodschap ontwikkeld: als jij je niet inschrijft voor deze training, heeft dat desastreuze gevolgen voor je gezondheid. Toen steeg het aantal inschrijvingen."

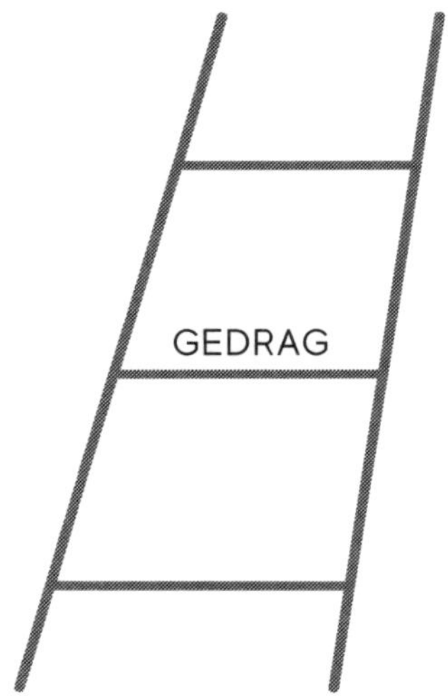

De Ladder: de middelste tree, het gedrag

Waarom is het gedrag zo belangrijk?

Of je nu een beleidsmaker bent die strijdt tegen obesitas, of een manager die streeft naar meer tevredenheid onder je medewerkers... Voor de meeste doelen is gedragsverandering nodig. Van anderen. Van onszelf.

Gedragsverandering is de kern. Zonder gedragsverandering blijven 'strategie' en 'beleid' niets anders dan woorden op papier.
Je kunt het belang van de factor gedrag in verandering nauwelijks overschatten. Het is de tomaat in de tomatensoep; de gitaar van *Angus*

Young in AC/DC; de Flux Capacitor in de DeLorean van *Doc Brown*. Zonder aandacht voor gedrag en gedragsverandering is elk boek over management, persoonlijk leiderschap of maatschappelijke verandering zinloos.

Als gedragsverandering de kern is, dan is het wel de kunst - ik noemde het al eerder - om sleutelgedrag te selecteren. Gedrag dat haalbaar is, ons doel dichterbij brengt en liefst ook nog enkele positieve neveneffecten heeft.
Een voorbeeld: wie zich beter wil voelen in zijn lijf, boekt meerdere voordelen als hij gaat hardlopen. Hardlopen vergt geen speciale vaardigheden, kan overal en op elk tijdstip van de dag, en leidt al snel tot een betere conditie. Bovendien blijken veel mensen zich ook geestelijk gezonder te voelen als ze het regelmatig doen. En tijdens het hardlopen kun je ook nog eens luisteren naar inspirerende podcasts.

Heb je eenmaal je sleutelgedrag gevonden, omschrijf het dan nauwkeurig. Mijn mantra: het is pas goed als je het kunt voordoen en nadoen.

Gedragsvoornemens en de aanjagers van ons gedrag
Je weet het vast nog wel: *capaciteit*, *motivatie* en *omgeving* zijn de aanjagers van ons gedrag. Het kiezen van het gewenste gedrag hangt - het ligt voor de hand - sterk samen met deze drie factoren.

Concrete gedragsvoornemens stimuleren onze *motivatie*. Net als doelen richten ze onze aandacht, energie en creativiteit op een bepaalde taak.
Natuurlijk geldt wel: bij het ene gedrag voelen we - door onze ervaringen en onze verwachtingen - meer motivatie dan bij het andere.
Ook belangrijk: een gedragsvoornemen dat niet aansluit bij je *capaciteiten* of dat onhaalbaar is in jouw *omgeving*, werkt juist demotiverend.

Het is bij het formuleren van een gedragsvoornemen essentieel om rekening te houden met capaciteit, motivatie en omgeving. Stel jezelf daarom bij elk gedragsvoornemen deze drie simpele controlevragen:

- Kan ik dit echt, heb ik hiervoor de capaciteit?
- Wil ik dit echt, heb ik de motivatie hiervoor?
- Lukt dit hier, in mijn omgeving?

Het bepalen van het gewenste gedrag is de spil waar elke verandering om draait. Op basis van het beschikbare onderzoek en mijn eigen ervaringen, geef ik je drie tips om dit zo effectief mogelijk te doen.

■ TIP 1: Kies voor gedrag dat je leuk vindt

Als we iemand een belangrijk doel zien bereiken, denken we vaak: tjonge, wat een vastberadenheid, wat een wilskracht en wat een doorzettingsvermogen! Dat zijn mooie eigenschappen waarover we allemaal wel zouden willen beschikken.

> De onmiddellijke plezierervaring bij wat we doen is doorslaggevend

Onderzoek laat echter iets anders zien: de werkelijke reden dat mensen bepaald gedrag volhouden heeft er vaak mee te maken dat ze het gedrag zélf gewoon leuk vinden.

Leuk werkt. De onmiddellijke plezierervaring bij wat we doen is doorslaggevend voor het bereiken van onze doelen. *Ayelet Fishbach* en *Kaitlin Woolley* zijn twee gedreven onderzoekers op het gebied van motivatie. Zij deden onder meer onderzoek naar mensen die bezig waren met gezond eten, sporten en studeren.

De proefpersonen in hun onderzoek vertelden steeds weer dat ze het langetermijndoel van hun activiteit het belangrijkste vonden. Maar wanneer de onderzoekers keken naar wat mensen écht deden, bleek alleen het kortetermijnplezier te tellen.

De mensen die uiteindelijk doorzetten met gezond leven en die veel tijd aan hun studie spendeerden, bleken niet de mensen die het sterkst hechtten aan het langetermijndoel, maar de mensen die domweg lol hadden in de activiteit zelf.

Plezier heeft meer positieve gevolgen, zo blijkt uit onderzoek van *Barbara Fredrickson*. Wanneer je, bijvoorbeeld in je dagelijkse werk, negatieve emoties ervaart, zie je minder kansen en word je voorzichtiger. Bij positieve emoties werkt het precies andersom. Je ziet meer mogelijkheden en bent bereid om meer dingen uit te proberen. Hierdoor ontwikkelen we ons. We verbreden ons gedragsrepertoire, leren meer mensen kennen en het zou zomaar kunnen dat we hierdoor ook succesvoller worden in ons werk.

Leuk is essentieel. En er zijn twee manieren om dit idee toe te passen:
1. Kies voor gedrag dat je nu al leuk vindt.
2. Kies voor gedrag dat je leuk kunt maken.

Op zoek naar leuk gedrag

Als je op zoek gaat naar gedrag dat je leuk vindt, is er een grote kans dat je uitkomt bij wat psychologen tegenwoordig 'sterke punten' noemen.

Sterke punten zijn activiteiten 1) waar je goed in bent én 2) die je energie geven.

Je kunt zelf achterhalen wat je sterke punten zijn. Houd bijvoorbeeld een week lang bij hoe je verschillende taken scoren op deze twee criteria. Je kunt ook aan vrienden of collega's vragen wanneer zij zien dat je in je element bent.

Een manier om binnen organisaties te achterhalen wat de 'sterke punten' zijn - waar de medewerkers goed in zijn én waar ze energie uit halen - is *Appreciative Inquiry (AI)*, oftewel: waarderend onderzoeken. Deze benadering werd ontwikkeld door bedrijfskundige *David Cooperrider* en leent zich goed voor veranderen in organisaties.

AI houdt in dat je actief op zoek gaat naar de positieve 'afwijkingen'. De vraag waarmee je de organisatie in gaat luidt: wat gaat hier wél goed? Waar en wanneer worden de verwachtingen overtroffen? De kunst is om het gedrag dat aan die prestaties ten grondslag ligt, van managers en van medewerkers, te identificeren en te versterken.

De vraag luidt: wat gaat hier wél goed?

Tijdens onderzoek dat ik zelf deed, bleek dat het inzetten van sterke punten en effectief gedrag in bedrijven vooral goed werkt wanneer medewerkers hun eigen, individuele keuzes kunnen maken. Het ging in dit geval om een verkoopteam waarvan sommige leden uitblonken in het enthousiast overtuigen van klanten en andere leden echt goed waren in kalm luisteren en adviseren. Het ligt voor de hand dat zulke verschillende groepen niet zomaar gedrag van elkaar kunnen en willen overnemen.

Bedenk daarom als manager dus niet één *best practice* die voor iedereen geldt, maar laat iedere medewerker zijn eigen, persoonlijke gedragsvoornemen formuleren. Geef gerust allerlei tips en voorbeelden van gedrag dat goed werkt, maar laat de selectie over aan de persoon die het gedrag moet uitvoeren.

Gedrag leuk maken

Als je het gedrag dat nodig is om je doel te bereiken nu nog niet leuk vindt, kun je proberen om het leuk te maken.
De beste manier om dat te doen, is door het gedrag te koppelen aan onmiddellijke beloningen. Leuke muziek tijdens het sporten. Samenwerken met prettige mensen. Jezelf onderweg steeds weer herinneren aan het belangrijke doel. En regelmatig kijken hoeveel je bent opgeschoten.

Een interessante variant: sommige organisaties zetten *gamification* in. Ze passen technieken uit computergames toe op het werk. Een

bijzonder voorbeeld is het online spel *Foldit*.
Amerikaanse moleculair biologen gebruikten dit enkele jaren geleden om de structuur van een complex eiwit, gerelateerd aan aids, te doorgronden. Ze zetten het spel op internet en riepen mensen op mee te spelen en zo mee te denken. De deelnemers konden punten scoren en ideeën uitwisselen in groepen, net als bij veel populaire online games.
Het resultaat was verbazingwekkend: binnen tien dagen losten 46.000 fanatieke gamers een probleem op waar onderzoekers al 15 jaar aan werkten.

■ TIP 2: Formuleer het gewenste gedrag zo concreet en helder mogelijk

Icek Ajzen was heel duidelijk: als we iets willen veranderen, moeten we het gedrag dat nodig is, duidelijk omschrijven. Dat is volgens hem de belangrijkste stap in elk veranderproces.

De vraag is dus: wat ga je concreet doen om je doel te bereiken? Hoe ziet dat eruit in het echt? Kun je het voordoen? Kan iemand het nadoen?
In de gedragswetenschappelijke literatuur wordt deze stap vaak *action planning* genoemd. Je beschrijft: wíe moet nu eigenlijk precies wát doen om de verandering voor elkaar te krijgen? En hoe vaak eigenlijk? Hoe lang, hoe intensief? Waar, wanneer en met wie?

Bij de colleges en seminars die ik over dit onderwerp verzorg, vindt bijna iedereen dit het lastigste onderdeel van een veranderplan. Dat komt onder andere doordat je plan steeds minder vrijblijvend wordt naarmate je het gewenste, nieuwe gedrag concreter omschrijft. Je zet jezelf klem.

Een andere reden dat iedereen dit onderdeel vaak lastig vindt is dat veel gedragsvoornemens vaak nogal 'gewoontjes' of zelfs banaal klinken. Wat op zich ook logisch is. Het gaat er bij deze stap tenslotte om dat we min of meer verheven doelen vertalen naar meer aardse en concrete, soms ook alledaagse handelingen.

Dus een krachtig klinkend doel als 'weg met de verspilling' vertaal je naar: "Bij beslissingen die over meer dan 20.000 euro gaan, vraag ik eerst raad aan collega's van minstens twee andere afdelingen. Niet per telefoon of per mail, maar persoonlijk."
En 'een gezonde balans' wordt: "Ik ruim elke dag mijn bureau op om 17.00 uur, sluit af met het maken van een actielijstje voor de volgende ochtend en besteed de avond aan mijn dierbaren."

Het verschil tussen winnen en verliezen
Dat je niet verder komt als je je doelen niet naar concreet gedrag vertaalt, blijkt in extreme mate in de sportwereld. Daar betekent het formuleren van het juiste, concrete gedrag vaak het verschil tussen winnen en verliezen. Topatlete *Dafne Schippers* wilde beter worden op de 100 meter hardlopen. Uit video-analyses van wedstrijden bleek dat ze haar been bij de start net iets te hoog optrok. Daardoor raakte ze net iets later de grond dan de andere sprinters. En zo kwam ze net iets minder snel op gang dan de rest. Op een afstand van 100 meter kun je verliezen door je eerste stap. Vandaar dat dit een belangrijk onderdeel werd van Schippers' trainingsprogramma.

Doelen vertalen naar gedrag is lastig, maar de winst is extreem groot

De vertaalslag maken van doelen naar gedrag is lastig, maar de winst is extreem groot. Onderzoek van onder meer *John Norcross* laat zien dat de kans op het realiseren van een doel meer dan tien keer groter wordt wanneer we het weten te vertalen naar concreet gedrag.

Samen gedrag bedenken
Veel voorbeelden die ik gebruik gaan over veranderingen die je zelf, individueel kunt doorvoeren. Maar als je iets wilt veranderen

in een organisatie of in een wijk, dan is er vaak sprake van allerlei vormen van onderlinge beïnvloeding. Er is een netwerk van onderling verbonden gedrag.
Het is verstandig om bij zo'n verandering samen in kaart te brengen hoe het gedrag van verschillende groepen of individuen interacteert.

Laten we nog eens kijken naar het handenwassen uit hoofdstuk 2. In een ziekenhuis zijn allerlei groepen aan het werk: managers, artsen, verpleegkundigen, onderhoudsmedewerkers. En allemaal spelen ze een rol bij het bevorderen van het handenwassen. Managers moeten een omgeving creëren waar handenwassen makkelijk is. Artsen en verpleegkundigen moeten de handen uit de mouwen steken en wassen. En onderhoudsmedewerkers moeten bijvoorbeeld zorgen dat de pompjes met handalcohol nooit leegraken.

Als je in zo'n situatie tot een duurzame verbetering wilt komen, moeten meerdere mensen ander gedrag gaan vertonen. Een paar mogelijkheden...

- Managers kunnen elke week samen met een medewerker uit de praktijk een half uur observeren hoe het gaat met het handenwassen. Daarbij kijken ze vooral of de werkomgeving het wel makkelijk genoeg maakt om het wasprotocol te volgen. Ze letten daarbij onder meer op de werkdruk, de beschikbaarheid en bereikbaarheid van pompjes met handalcohol.
- Artsen en verpleegkundigen kunnen met elkaar het volgende afspreken: we spreken elkaar meteen aan als we zien dat een collega - meestal gedachteloos - een handenwasbeurt overslaat. Teamleiders kunnen hierin het goede voorbeeld geven door collega's altijd aan te spreken op het skippen van een wasbeurt.
- Onderhoudsmedewerkers kunnen garanderen dat ze bij een melding van een leeg pompje binnen vijf minuten zorgen voor het bijvullen.

Implementatie-intenties

Een bijzondere manier om je gedrag te formuleren én een manier die ook heel effectief is, is het formuleren van een zogenaamde *implementatie-intentie*. De term is afkomstig van onderzoeker *Peter Gollwitzer*. Hij ontdekte dat de kans op het uitvoeren van een gedragsvoornemen sterk toeneemt wanneer we vooraf beschrijven hoe en in welke situatie we ons gedrag zullen implementeren.

Een 'gewoon' gedragsvoornemen kan zijn: ik knoop voortaan elke dag een gesprek aan met een collega die ik nog niet ken.
De implementatie-intentie-versie is: als ik ga eten in de kantine, dan ga ik bij iemand zitten die ik nog niet ken en knoop ik een gesprek aan.

Het onderzoek van Gollwitzer laat zien dat je met de tweede formulering de kans dat je tot het door jou gewenste gedrag komt, met een factor twee tot drie vergroot. Niet gering.

Vaak worden implementatie-intenties ook 'als-dan'-plannen of 'als-dan'-voornemens genoemd.
Met zo'n voornemen doe je iets heel slims. Je koppelt concreet gedrag aan een zichtbaar kenmerk van de omgeving.
Je hoeft jezelf niet meer aan je voornemen te herinneren, dat doet de situatie, de omgeving voor je (de omgeving als aanjager van gedrag, weet je nog?) Je loopt de kantine binnen en denkt direct: o ja, gesprekje aanknopen.
Wat ook goed werkt is een 'als-dan'-voornemen koppelen aan een bestaande gewoonte. Wie meer beweging wil kan zich bijvoorbeeld voornemen: als ik naar het toilet ga, dan doe ik dat op de bovenste verdieping en neem ik de trap.

Onderzoek laat zien: implementatie-intenties helpen om oude patronen te doorbreken, ze maken het makkelijker om nieuwe voornemens uit te voeren en ze helpen ons om gedragsveranderingen langer vol te houden.

Opnieuw: ga voor goede gewoontes

Ten slotte wil ik één punt nog eens dik onderstrepen. Formuleer als het even kan gedrag dat je niet eventjes, maar altijd kunt volhouden. Goede gewoontes winnen altijd van eenmalige initiatieven.

Gewoontes vormen mensenlevens, organisaties, maatschappijen

Gewoontes zijn als rivieren. Ze blijven maar stromen en veranderen uiteindelijk het hele landschap. Gewoontes vormen mensenlevens, organisaties, maatschappijen. Effectieve nieuwe gewoontes zijn het geheim van de meeste succesvolle, blijvende veranderingen. Ga voor goede gewoontes.

■ TIP 3: Denk 'simpel': maak je eerste stappen zo eenvoudig mogelijk

Goede onderwijzers weten hoe belangrijk succeservaringen zijn voor leerlingen. Ze zullen daarom bijna altijd beginnen met een opdracht die leerlingen zeker kunnen uitvoeren. Liever kleine stapjes die ervoor zorgen dat de leerlingen doorzetten, dan te grote stappen die maken dat ze afhaken.

De les: maak de eerste stappen op weg naar een verandering zo eenvoudig mogelijk. Formuleer desnoods ri-di-cuul kleine stapjes. Zolang je maar een begin maakt.

Iedereen die zich bepaald gedrag voorneemt of een verzoek van een ander krijgt om bepaald gedrag te vertonen, maakt automatisch een inschatting van de vraag: zou ik dat kunnen? Psychologen noemen dat 'self-efficacy' of 'waargenomen eigen competentie'. Het is essentieel dat je bij een gedragsvoornemen denkt: dat moet lukken, dat kán ik. De truc om dat voor elkaar te krijgen is niet om jezelf op te pompen voor de spiegel met teksten als: je kunt het! Maar door gewoon iets te kiezen waarvan je uit ervaring weet: dat lukt me wel.

Met name de eerste stap moet zo eenvoudig zijn dat je denkt: dat is simpel.

Een voorbeeld: in plaats van het verzinnen van het zoveelste alles-of-niets-voornemen, - zoals: ik begin met hardlopen, elke week minstens tien kilometer - neem je je slechts voor om elke zaterdagochtend, als de wekker gaat, je hardloopkleren aan te trekken. Meer niet. Desnoods kruip je daarna weer in bed. In je sportkleding.
Een ander voorbeeld: in plaats van te besluiten om voortaan een uur eerder op te staan, zet je de wekker slechts vijf minuten eerder. De gedachte hierachter is: als je in je bed ligt in je sportkleding, denk je: ik kan eigenlijk ook best een stukje gaan rennen. En als de wekker een week lang vijf minuten eerder rinkelt en je nauwelijks verschil merkt met de week daarvoor, denk je: nóg eens vijf minuten vroeger kan ook wel.
Psychologen noemen dit ook wel *shaping*. Stapje-voor-stapje werk je toe naar het gedrag dat je eigenlijk wilt zien.

Als je het nóg eenvoudiger wilt maken, kun je ook besluiten om je ri-di-cuul kleine stapje eerst voorzichtig te testen. Je probeert een week lang of het lukt en verkleint of versimpelt je voornemen als dat nodig is.

Een kleine waarschuwing tot slot... Je zou het idee kunnen krijgen dat je op deze manier nooit echt grote veranderingen bereikt. Daarom onderstreep ik nog eens: het gaat hier om het begin van een verandering. Het gaat erom dat je op gang komt. En daarna kun je het gedrag stap-voor-stap uitbreiden.

Dit waren de tips om je te helpen tot gedragsverandering te komen. We gaan nu naar de onderste tree van De Ladder en kijken naar tips op het gebied van support.

Samenvatting

- Kies voor gedrag dat je leuk vindt, dat is bewezen effectief.
- Formuleer het gewenste gedrag zo concreet en helder mogelijk.
- Denk 'simpel': maak je eerste stappen zo eenvoudig mogelijk.

Vraag

Welk concreet, eenvoudig gedrag zou je kunnen bedenken voor de verandering die je overweegt?

7

De onderste tree: de support

- "Het beste idee ooit in de psychologie"
- De drie meest effectieve support-technieken!
- Hoe voorkom je dat je terugvalt in oude gewoontes?

Toen ondernemer *Michael Bloomberg* in 2002 burgemeester werd van New York, was een van zijn eerste ingrepen het inrichten van een zogenaamde *bullpen*. Een grote open ruimte met ongeveer vijftig gelijke, bescheiden bureaus.
Hier zaten voortaan de hoogste bestuurders van de stad en hun assistenten, allemaal zichtbaar en hoorbaar voor elkaar. Bloomberg zelf ging in het midden zitten.

Deze nieuwe aanpak - die brak met 190 jaar traditie van sjieke kantoren met gesloten deuren - ontleende Bloomberg rechtstreeks aan zijn eigen bedrijf, waar hij als oprichter en directeur ook altijd tussen de medewerkers zat.
Het was zijn ervaring dat door het anders inrichten van de werkomgeving je het gedrag van mensen eenvoudig kon veranderen. Met zijn bullpen bereikte hij - letterlijk - meer transparantie en meer onderlinge samenwerking.

Een ander belangrijk aandachtspunt van Bloomberg was het terugdringen van het roken in de stad. Het rookgedrag van New Yorkers werd doorlopend gemeten, de belasting op sigaretten werd sterk verhoogd en roken in kantoren en in de horeca werd verboden. Later werd ook buiten roken, onder meer in parken, illegaal. Daarnaast waren er diverse preventie- en stopprogramma's. Bloombergs beleid werd wereldwijd gezien als een van de meest succesvolle interventies op rookgebied. Het aandeel rokers in de stad daalde in de 12 jaar dat hij burgemeester was van 22 naar 14 procent.

Bloomberg werkte als burgemeester bijzonder gestructureerd. Hij formuleerde heldere doelen, wist welk gedrag daarvoor nodig was en zocht naar *evidence based* technieken om dat gewenste gedrag te stimuleren.

Het inzetten van zo'n gestructureerde aanpak leidt overigens lang niet altijd tot applaus. Door tegenstanders werd Bloomberg consequent vergeleken met een bemoeizuchtige gouvernante: Nanny Bloomberg.

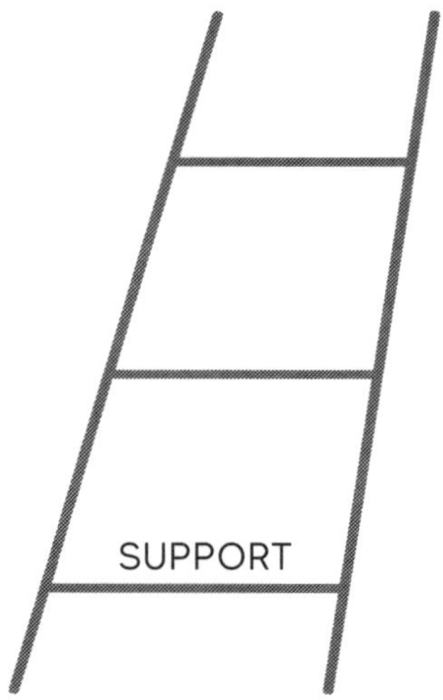

De Ladder: de onderste tree, de support

Waarom is support zo belangrijk?
In de voorgaande hoofdstukken heb je gelezen dat het zorgvuldig formuleren van doelen en van gewenst gedrag, de kans op het optreden van dat gedrag kunnen vergroten.

Bij dit derde onderdeel van De Ladder - de *support* - gaat het om het inzetten van support-technieken om het gewenste gedrag te stimuleren.
De inzet van dergelijke technieken is geen overbodige luxe. Vaak is er heel wat nodig om oud gedrag te vervangen door nieuw gedrag en een verandering te laten slagen. Het eenmalig noteren van een voornemen voor jezelf, het ophangen van een paar posters of een motiverende speech aan het begin van een verandertraject, hebben helaas maar een kortstondig effect.

Ik haal graag wetenschappelijk onderzoek aan, maar laat ik ook kritisch zijn. Veel van het onderzoek dat in laboratoriumsituaties wordt gedaan, overleeft de confrontatie met de rommelige werkelijkheid niet.
In een gecontroleerd experiment kan een subtiele prikkel - een bepaalde geur in een ruimte, een kleine financiële beloning, een acteur die iets geks doet - nog een aardig effect sorteren. Maar in een drukke werk- of gezinsomgeving verzuipt de gemiddelde interventie in de reeds aanwezige herrie.

Daarom is het zo belangrijk om meerdere krachtige technieken in te zetten om je verandering te ondersteunen.
Hoofdstuk 3 beschreef waarom veranderen zo moeilijk is. Verandering is vaak een gevecht tegen de eigen gewoontes, tegen de neiging om verlies uit de weg te gaan en tegen allerlei omgevingsfactoren die het huidige, ongewenste gedrag keurig op zijn plek houden.
Support-technieken helpen je om dit te doorbreken. Technieken zoals het veranderen van je omgeving, het voorbereiden van momenten-van-de-waarheid en het monitoren van je gedrag, zijn je wapens in de strijd voor verandering.

Nog één lastig, maar belangrijk punt dat we maar al te vaak over het hoofd zien.
Veel support-technieken vragen zélf ook om nieuw gedrag. Van jezelf

of van een ander. Een voorbeeld: je kunt een vriend vragen om je te coachen en feedback te geven. En dat helpt ook echt. Maar... je moet die vriend wél eerst vragen. En je vriend moet het vervolgens óók doen. Dat zijn twee gedragingen en daarmee dus ook twee zwakke schakels in de verandering.
Mijn advies: zoek altijd eerst naar support-technieken die niet afhankelijk zijn van je eigen inzet of die van anderen. Kijk daarom eerst of je - net als Bloomberg - veranderingen kunt aanbrengen in de fysieke omgeving.

Support-technieken en de aanjagers van ons gedrag
In hoofdstuk 3 beschreef ik de drie aanjagers van ons gedrag: *capaciteit (kan ik dit)*, *motivatie (wil ik dit)* en *omgeving (lukt het hier)*, essentiële factoren die ons gedrag sturen. Met de support-technieken in dit hoofdstuk, beïnvloed je deze factoren en verander je gedrag.

Sommige support-technieken zijn vooral gericht op het vergroten van onze *capaciteit*, onze fysieke en psychologische mogelijkheden. Denk aan een online training. Of aan een jonge medewerker die oudere collega's helpt bij het onder de knie krijgen van de nieuwste informatietechnologie.

Daarnaast zijn er allerlei technieken om onze *motivatie* te ondersteunen, om te zorgen dat we meer zin krijgen in het gewenste gedrag. Denk daarbij aan het bijhouden van ons gedrag of het zichtbaar maken van onze progressie. Maar complimenten en materiële beloningen werken ook.

Tot slot zijn er support-technieken die het gewenste gedrag vooral via de *omgeving* stimuleren.
Je kunt denken aan ingrepen in de *fysieke omgeving*, zoals het plaatsen van reminders op de werkvloer. Dit doet bijvoorbeeld supermarktketen Jumbo met zijn '7 zekerheden'. Overal in de winkel worden medewerkers herinnerd aan de belangrijkste beloften die er

aan de klanten worden gedaan. Zoals korte wachtrijen bij de kassa. Daarnaast kun je werken via de *sociale omgeving*. Door je goede voornemens te delen met vrienden, collega's of huisgenoten, mobiliseer je hulp. Vooral op de momenten waarop je het moeilijk vindt om vol te houden, kan dat je erdoorheen slepen.

Om eerlijk te zijn: zo netjes als ik het nu beschrijf, werkt het in de praktijk vaak niet. Iemand die een training verzorgt op de werkplek, verandert niet alleen iets in de factor *capaciteit*, maar heeft ook een *motiverende* functie én is tegelijk een verandering in je sociale *omgeving*.
Bovendien geldt: je kunt iemand inhoudelijk een goede trainer vinden, maar mogelijk ervaar je geen klik. Dan levert dat wellicht een plus op qua *capaciteit*, maar een min voor *motivatie*.

Houd in gedachten: één support-techniek is te weinig

In de praktijkgids achter in dit boek heb ik een groot aantal support-tips op een rijtje gezet. Om effectieve tips te selecteren, helpt het om eerst in te schatten waar de belangrijkste bottleneck zit:

- Is capaciteit het probleem, moet je nieuwe vaardigheden ontwikkelen?
- Schiet de motivatie te kort, wil je het onvoldoende?
- Of is het vooral de omgeving die te weinig gelegenheid biedt voor het gewenste gedrag?

Houd ook in gedachten: één support-techniek is te weinig. Gebruik zo mogelijk drie of meer technieken. Eén doel, één gedrag en minstens drie support-technieken.

Er is veel onderzoek gedaan naar welke support-technieken in de regel effectief zijn bij het veranderen van gedrag. Op basis daarvan en vanuit eigen ervaring volgen hier mijn drie favoriete tips.

■ TIP 1: Zorg dat de directe omgeving het gewenste gedrag 'makkelijk' maakt

In dit boek herhaal ik dit punt frequent, omdat we geneigd zijn het te onderschatten: ons gedrag wordt in hoge mate gestuurd door de directe omgeving waarbinnen we functioneren.
Zorg daarom dat de omgeving waarbinnen je het nieuwe, gewenste gedrag wilt vertonen dit gedrag zo makkelijk mogelijk maakt. Makkelijk is het toverwoord.

Gedragseconoom *Richard Thaler* weet het mooi te zeggen: "Niemand gelooft dat hij uit zichzelf kan opstaan om zeven uur 's ochtends. Dus zet je een wekker. Zo moet je ook omgaan met andere voornemens."
Thaler en veel van zijn collega's pleiten voor kleine duwtjes vanuit de omgeving - *nudges* - die ons in de juiste richting sturen.
Zelf houdt Thaler van eenvoudige, praktische oplossingen. "Mijn favoriete nudge is de tekst die in Londen op het wegdek staat bij vrijwel alle voetgangersoversteekplaatsen: *look right*. Dankzij die tekst ben ik al heel wat keren niet geraakt door een dubbeldekkerbus."

Dingen en mensen
Gedragswetenschappers maken onderscheid tussen dingen en mensen. Of iets mooier gezegd: ze maken onderscheid tussen de fysieke en de sociale omgeving waarbinnen we functioneren.
Eerst een paar voorbeelden van het inzetten van de fysieke omgeving voor een verandering.

- Wil je minder snoepen, zorg dan dat je geen snoep en snacks in huis hebt. Of bewaar ze op een plaats of op zo'n manier dat je er echt moeite voor moet doen om ze te pakken.
- Wil je meer rust in je agenda, reserveer dan enkele weken vooruit tijdblokken in je agenda om ongestoord te kunnen werken.
- Wil je dat mensen hun belastingformulier naar waarheid invullen, zet dan alvast de gegevens die je van ze hebt in het formulier dat je ze toezendt.

Als het gaat om het inzetten van de sociale omgeving voor een verandering, denk dan bijvoorbeeld hieraan...

- Wil je zorgen dat collega's meer en sneller onderling overleggen over belangrijke beslissingen, zet ze dan zo dicht mogelijk bij elkaar. Onderzoek laat zien dat fysieke afstand, ook in onze tijd van mailen en appen, de krachtigste voorspeller is van onderling contact.
- Als je vaker gezond wilt bewegen, word dan lid van een sportvereniging. Als je bijvoorbeeld gaat hardlopen of fietsen in een groep, loop of fiets je doorgaans vaker en verder dan in je eentje. Of maak een vaste afspraak met een paar vrienden. Liefst vrienden die al iets beter zijn in een bepaalde sport dan jij.
- Als je wilt groeien in leiderschap, vorm dan met een aantal leidinggevenden binnen het bedrijf waar je werkt een intervisiegroep. Ontbijt op maandag samen en vertel elkaar wat je die week wilt verbeteren in je leiderschap. Plan een vaste inbelvergadering op donderdagochtend, terwijl je onderweg bent naar de zaak, en vertel elkaar in één minuut hoe het tot nu toe gaat deze week.

Kort en goed: zorg dat de directe omgeving, de omgeving die je tijdens je activiteiten ziet en hoort, het gewenste gedrag zo makkelijk mogelijk maakt. Of je nu je eigen gedrag probeert te veranderen of dat van anderen.

Drijvende en remmende krachten

Psycholoog en Nobelprijswinnaar *Daniel Kahneman* vertelde onlangs wat volgens hem *het beste idee ooit* was in de psychologie. Het ging om het idee van de fameuze onderzoeker *Kurt Lewin* over hoe je gedrag verandert.

Lewin geloofde dat het al dan niet vertonen van wenselijk gedrag in hoge mate wordt bepaald door twee soorten krachten die zowel in de fysieke als sociale omgeving in elke situatie een rol spelen: drijvende krachten en remmende krachten. Het gedrag dat we uiteindelijk laten zien, is volgens Lewin een staat van evenwicht tussen deze twee soorten krachten.

Stel dat je elke week drie keer wilt hardlopen. Een drijvende kracht in de omgeving kan daarbij zijn: informatie over hoe gezond regelmatig rennen is. Een remmende kracht kan zijn: te veel andere verplichtingen. Kahneman: "Lewins inzicht was dat wanneer je een verandering wilt in gedrag, er een goede en een slechte manier is om dat aan te pakken. De goede manier is niet door het vergroten van de drijvende krachten, maar door het verminderen van de remmende krachten." Dus als je wilt gaan hardlopen, helpt het niet om nog meer te lezen over hoe gezond hardlopen is, maar om het aantal verplichtingen dat je hebt, terug te brengen.

De goede manier is het verminderen van de remmende krachten

Volgens Lewin pakken we het vaak niet goed aan. We gaan duwen. We proberen de drijvende krachten te vergroten, vaak door middel van communicatie. In een bedrijf waarin een verandering op stapel staat, geeft de baas een presentatie en legt uit wat er moet gebeuren en waarom. Volgens Lewins theorie roept dat in de regel hooguit meer remmende krachten op. Niet handig.
Volgens Lewin - en Kahneman - moeten we ons bij een verandering binnen een groep, een bedrijf of de maatschappij niet afvragen: hoe krijg ik ze zover? Maar: waarom doen ze het nu nog niet? Kahneman: "Je vraagt: wat kan ik doen om het makkelijker te maken voor deze persoon om in beweging te komen?" Vaak draait het daarbij om het wegnemen van belemmeringen in de fysieke of sociale omgeving.

Samen leren van fouten?

Ik heb het al talloze keren gezien. In veel bedrijven wordt medewerkers gevraagd om nieuw en ander gedrag te vertonen. Dan blijkt dat er eigenlijk geen gelegenheid is om dat ook echt te doen. Er zijn te veel remmende factoren in de omgeving waar niets aan wordt gedaan.

Een voorbeeld: de partners van een groot advocatenkantoor vroegen hun medewerkers om 'af en toe' ook wat tijd te besteden aan het 'samen leren van fouten'. Dat zou goed zijn voor iedereen en ook voor de cultuur van het kantoor.
Zo'n verzoek klinkt mooi, maar er zitten allerlei haken en ogen aan. Allereerst is het nodig om het gewenste gedrag veel duidelijker te omschrijven. Wat is 'af en toe'? En hoeveel tijd moet je eraan besteden? Met wie? En op welke manier? Hoe doe je het zo dat het ook echt tot voordeel leidt en niet juist tot meer geroddel en gekonkel?
Daarnaast gold binnen dit bedrijf dat medewerkers in het urenregistratiesysteem alleen maar werk konden noteren dat ze deden voor externe of interne klanten. Ook al stel je een relevant doel en formuleer je helder gedrag, dergelijke belemmeringen in de werkomgeving zorgen ervoor dat doel en gedrag uiteindelijk niet gerealiseerd worden.
Wat moet je minimaal doen in dit geval? Pas het urensysteem aan. Voeg een extra registratiemogelijkheid toe, bijvoorbeeld 'samen leren' en beloon ook het maken van voldoende uren op dit gebied frequent. Maak het mogelijk, maak het makkelijk.

■ TIP 2: Bereid je voor op momenten-van-de-waarheid

Bij elke verandering krijg je te maken met moeilijke momenten. Momenten waarop je verandering dreigt te mislukken. Momenten waarop je nieuwe gedrag moeilijk vol te houden is en je dreigt terug te vallen in oude gewoontes. Tijdelijk of zelfs permanent. Oftewel: momenten-van-de-waarheid.

De kunst is om deze momenten vooraf te identificeren en een manier te bedenken om dan tóch door te zetten. In de vakliteratuur heet dit *barrier identification* en *problem solving*. Onderzoek laat zien dat het een effectieve manier is om het succes van je verandering te vergroten.

Een voorbeeld is hoe grote horeca- en hotelketens hun personeel trainen. Bij bedrijven als Starbucks en Marriot oefenen medewerkers langdurig op het omgaan met klanten die gestrest, teleurgesteld of gewoon onvriendelijk zijn.
Vriendelijke service bieden als klanten aardig zijn is niet zo ingewikkeld. Maar als een klant zich onmogelijk gedraagt, wordt het moeilijker om zelf voorkomend en behulpzaam te blijven. Voor je het weet maak je een verwijtende opmerking terug en escaleert de zaak. Op zulke momenten-van-de-waarheid moet je je 'natuurlijke' gedrag onderdrukken en vriendelijk blijven zoeken naar oplossingen.

Wat mij is opgevallen: de meeste mensen kunnen, als je ze ernaar vraagt, prima aanwijzen wat de moeilijke, lastige, vervelende situaties zullen worden bij een verandering. Maar in veel gevallen denken ze er liever niet te veel over na. "Dat zien we op dat moment wel", wordt er vaak gezegd.
Maar het probleem is dat wanneer het moment-van-de-waarheid aanbreekt en je daarop niet bent voorbereid, je bijna altijd terugvalt in oude, vaak defensieve gewoontes.

Defensief gedrag
Er is behoorlijk wat onderzoek gedaan naar het gedrag van managers bij veranderingen. Opvallend is daarbij dat de meeste leidinggevenden prima weten wat er van hen wordt verwacht, maar in stressvolle situaties toch iets doen waarmee ze zichzelf en het veranderproces ondermijnen.

In stressvolle situaties ondermijnen veel managers zichzelf

Een voorbeeld: er wordt een inspraaksessie georganiseerd waar medewerkers hun mening kunnen geven over de veranderplannen. Je weet als leidinggevende wat de bedoeling is: niet te veel praten, vooral vragen stellen, luisteren en - boven alles - de opmerkingen en de gevoelens van de mensen serieus nemen.

Het gewenste gedrag is duidelijk.
Maar dan... Als de vergadering een tijdje bezig is, neemt een medewerker met wie je toch al niet zo'n makkelijke relatie hebt het woord. Hij beschuldigt je ervan dat het hele veranderplan er alleen maar op gericht is om je eigen baantje veilig te stellen. Hij zegt dat het management alleen maar danst naar de pijpen van de aandeelhouders. Bovendien ben je helemaal niet geïnteresseerd in de mening van de medewerkers, zegt hij.
Je kunt je niet langer inhouden en maakt een persoonlijke opmerking. Zo, dat werkt. De medewerker houdt zijn mond en gaat zitten.
Pas als de vergadering is afgelopen realiseer je je dat je een grote blunder hebt gemaakt. Dat je je door de stress van het moment ertoe hebt laten verleiden om te doen wat je niet wilde.

Managementonderzoeker *Chris Argyris* noemt dergelijk gedrag *defensive routines*. Door de druk van het moment schieten we in de verdediging. Onze automatische reactie is om pijn en verlies te vermijden voor onszelf, hier en nu. En daardoor ondermijnen we de verandering die we met elkaar op de langere termijn willen bereiken.

Wat had je moeten doen? Het antwoord: je had voorafgaand aan de vergadering niet alleen het gewenste gedrag moeten benoemen. Je had ook de te verwachten moeilijke momenten op een rijtje moeten zetten en je daarop moeten voorbereiden.

Wat helpt bij het voorbereiden van moeilijke momenten is een tip die al even aan de orde kwam in hoofdstuk 6: het formuleren van een implementatie-intentie, een 'als-dan'-voornemen.
Je kunt op deze manier allerlei verwachte momenten-van-de-waarheid uitwerken volgens een vaste formule: als X zich voordoet, dan doe ik Y.

Onvoorziene momenten-van-de-waarheid
Maar veranderingen draaien om nieuwe dingen doen. Dat betekent

vaak ook nieuwe, onverwachte tegenvallers incasseren. Onvoorziene momenten-van-de-waarheid.
Om daarmee om te gaan formuleer je het volgende 'als-dan'-voornemen: als zich een onverwachte tegenvaller voordoet, dan neem ik een korte pauze en denk ik aan mijn doelen.

Reageer niet meteen, maar tel eerst rustig tot tien voordat je iets terugzegt. Neem een korte pauze en vraag je af: wat is ook alweer het doel van de verandering waar ik aan werk?
Een korte pauze inlassen en aan je doelen denken, helpt in veel gevallen net zo goed als een veel nauwkeuriger uitgewerkt 'als-dan'-voornemen.

■ TIP 3: Zelfmonitoring van gedrag

Een van de meeste effectieve en eenvoudige technieken die helpen bij het veranderen van gedrag, is zelfmonitoring van gedrag.
Dit betekent het bijhouden en noteren van je gedrag, minstens één keer per dag. De vorm die je kiest en de frequentie hangen onder meer af van het gedrag dat je wilt veranderen. Kwestie van uitproberen en regelmatig aanpassen.

Belangrijk: je noteert bij deze techniek *niet* welke resultaten je hebt geboekt, zeg maar: de output, de opbrengst. Maar je noteert het gedrag dat je hebt vertoond, oftewel: de input, je investering.
Waarom gedrag, waarom geen resultaten? Omdat alle veranderingen beginnen met gedrag en de resultaten pas later komen.
Door je gedrag bij te houden zie je al snel of je goed bezig bent of dat je wellicht je gedrag moet bijstellen, of nog kleinere stappen moet formuleren.

Je kunt zelfmonitoring op verschillende manieren doen. Op een lijstje, in een dagboek of een speciaal veranderlogboek, op je computer in een spreadsheet of op je smartphone. Er zijn zelfs allerlei apps die

je hierbij helpen.
Maar in alle gevallen gaat het om dezelfde vraag: heb ik vandaag gedaan wat ik me heb voorgenomen?

Er is een speciale variant van zelfmonitoring. Hierbij noteer je niet je gedrag, maar geef je jezelf elke dag een rapportcijfer aan de hand van de vraag: heb ik vandaag mijn best gedaan om mijn voornemen in de praktijk te brengen?
Je kijkt nu dus naar de *inspanning* die je vandaag hebt gepleegd om je aan je voornemen te houden.
Als een verandering moeizaam verloopt, misschien wel helemaal aan het begin, kun je hierdoor ervaren dat je toch goed bezig bent, en blijf je gemotiveerd om te werken aan de verandering.

Stap-voor-stap creëer je zo een voorkeurspad in je brein

Het belang van progressie
Zelfmonitoring heeft een motiverend effect. Wanneer je bijvoorbeeld aan het einde van de dag constateert dat je vandaag je gewenste gedrag vergeten bent, zorgt dit ervoor dat je de volgende dag beter oplet. En wanneer je kunt noteren dat iets vandaag is gelukt, dan is dat een kleine succeservaring. Een plezierig gevoel van progressie, goed bezig! Stap-voor-stap creëer je zo een voorkeurspad in je brein, een nieuwe gewoonte die de gewenste doelen dichterbij brengt.

Een paar jaar geleden interviewde ik onderzoeker *Teresa Amabile* van de Harvard Business School. Volgens haar is het boeken van progressie veruit de sterkste motiverende factor in ons werk. Om precies te zijn: progressie in de richting van een doel dat we belangrijk vinden.
Amabile noemt dit *small wins*, kleine overwinningen die ons in beweging houden. En zoals gezegd: zelfmonitoring draagt bij aan het ervaren van deze progressie.

Leidinggevenden hebben een speciale verantwoordelijkheid op dit gebied. Zij moeten elke dag twee lijstjes bijhouden. Ze moeten hun eigen optreden monitoren én ze moeten bijhouden of hun medewerkers progressie konden boeken.
Het wegnemen van onduidelijkheid, blokkades en hindernissen om het gewenste gedrag te vertonen, is daarbij de belangrijkste taak voor managers.

Regelmatig variëren
Zelf houd ik al jarenlang een lijstje bij. Op dat lijstje staat niet alleen af en toe nieuw gewenst gedrag, maar ook een aantal handelingen die bij mij nooit helemaal vanzelf zullen gaan. Bijvoorbeeld op het gebied van bewegen en voeding.
Ik werk mijn lijstje elke ochtend bij. Ik kijk terug op de dag van gisteren en noteer wat wel en niet lukte. En tegelijk kijk ik op die manier vooruit naar vandaag.

Ook belangrijk: ik pas mijn lijstje en mijn methode van zelfmonitoring regelmatig aan. Na een tijdje dreigt er namelijk een soort gewenning en onverschilligheid op te treden. Wéér datzelfde lijstje. Dan is het tijd om bijvoorbeeld over te stappen van een app op de telefoon naar een ouderwets lijstje op papier. Of andersom. En om de gedragingen op het lijstje nog eens te bekijken en indien nodig aan te passen.

Tot zover de tips op het gebied van support-technieken. Misschien krijg je inmiddels zelf al zin om met De Ladder aan de slag te gaan. Mooi! Ik help je graag verder op weg. Daarom in het volgende hoofdstuk verschillende voorbeelden die laten zien hoe De Ladder in de praktijk werkt.

Samenvatting

- Zorg dat de sociale en fysieke omgeving het nieuwe, gewenste gedrag 'makkelijk' maken.
- Bereid je grondig voor op de momenten-van-de-waarheid, de momenten waarop doorzetten moeilijk wordt.
- Zelfmonitoring van gedrag helpt je om op gang te komen en door te zetten bij veranderingen.

Vraag

Welke concrete support-technieken zouden kunnen werken bij de verandering die je overweegt?

8

De Ladder in de praktijk

- Werken met De Ladder: zo simpel is het
- Persoonlijke verandering, veranderingen in organisaties en maatschappelijke verandering
- Hoe 20 seconden je leven kunnen veranderen...

Eind vorige eeuw, vlak nadat ik was begonnen als zelfstandige, werkte ik tijdelijk op het hoofdkantoor van een grote bank. Heel leerzaam, maar soms ook erg verwarrend. Ik had van allerlei ondernemers bijvoorbeeld geleerd dat je strategie zo simpel mogelijk moest zijn. Eén A4-tje met een paar heldere keuzes en dan aan de slag.

Maar in de periode dat ik bij die bank werkte, kreeg ik te maken met allerlei consultants van grote, gerenommeerde bureaus. Ook zij ontwikkelden strategieën, maar die waren heel wat complexer en uitgebreider dan die van mij. Een van de bureaus kwam, ik lieg niet, met een plan voor een internetstrategie dat bestond uit meer dan 300 Powerpoint-plaatjes.
Ook hadden ze nog een bijlage geproduceerd waarin nog ‘enkele’ dingen werden toegelicht: 1.100 pagina’s! Iedereen was onder de indruk. Ik ook. Alleen, van alle suggesties op al die pagina’s is er nooit ééntje uitgevoerd.

Inmiddels ben ik - ietsje ouder en ietsje wijzer - weer gewoon terug bij mijn A4-tjes. Waarom? Ik schreef het al helemaal aan het begin van dit boek: een plan dat niet wordt uitgevoerd is net zoveel waard als geen plan.

Vooral als het gaat om het doen van nieuwe dingen, om veranderen en om ontwikkeling, dan is mijn advies: maak een beknopt plan en ga aan de slag. Probeer, experimenteer, leer en stel bij. Op die manier ontdek je wat écht werkt.

Dit laatste hoofdstuk bestaat uit een aantal praktische adviezen om aan de slag te gaan met De Ladder. Zowel voor je persoonlijke ontwikkeling, als voor veranderingen in organisaties en in de maatschappij.

Werken met De Ladder

Werken met De Ladder is niet ingewikkeld. Dat heb ik je in dit boek proberen duidelijk te maken.
Je *plant* eerst je verandering 'van boven naar beneden'. Je kiest je *doel*, je vertaalt het naar *gedrag* en je kiest je *support*.
Daarbij kun je dit boek gebruiken. Met name de praktijkgids achter in dit boek is handig als checklist. Je vindt er tientallen tips voor het bepalen van je doel, gedrag en support.

Vervolgens ga je aan de slag. Je *probeert* 'van onderen naar boven' of het werkt. Je zorgt dat je *support*-technieken op orde zijn, daarna probeer je het nieuwe, gewenste *gedrag* uit en zo werk je toe naar je *doel*. Onderweg kijk je hoe het gaat en stuur je bij.

Eigenlijk maak je daarbij twee keer slim gebruik van gedragsonderzoek. Bij het plannen gebruik je allerlei *evidence based* inzichten en technieken. En bij het proberen doe je je eigen onderzoek: je gaat kritisch kijken of het ook echt werkt wat je hebt bedacht.

Plannen: van boven naar beneden

In de hoofdstukken 5, 6 en 7 hebben we uitvoerig gekeken naar de manier waarop je terugwerkt vanuit je doel, naar gedrag en naar support. Mijn belangrijkste advies: werk gestructureerd. Volg het model, pak de praktijkgids erbij en gebruik je gezonde verstand. Nog een paar praktische tips daarbij.

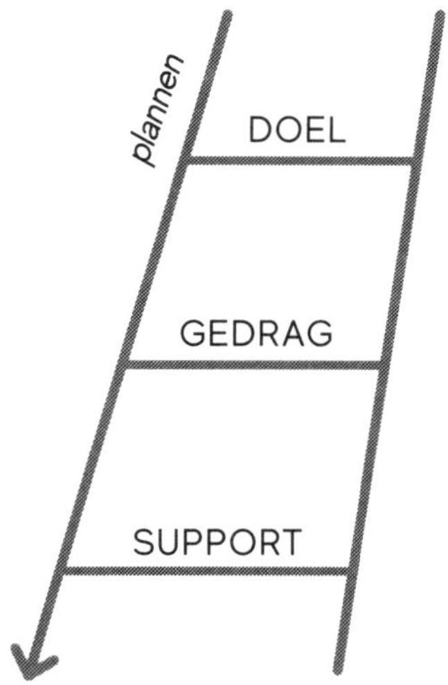

De Ladder: plannen van boven naar beneden

1. Over het kiezen van je *doel*: als je iets te zeggen hebt over de doelen waar je aan gaat werken, laat je dan niet verleiden tot doelen die jou persoonlijk niet zoveel zeggen. Het afdalen van De Ladder is daarbij een motivatietest. Zie het als een nuttig signaal wanneer je eigenlijk geen zin hebt om je gedrag uit te werken of om je support te regelen. Blijkbaar is het doel dan niet belangrijk genoeg voor je.

2. Over het kiezen van je *gedrag*: zet eerst verschillende mogelijke gedragingen op een rijtje. Bestudeer bijvoorbeeld je eigen *best practices* en die van anderen. Maak dan pas je keuze. Check daarbij ook steeds de oorzaak-gevolgrelaties in je plan. Is het plausibel dat het gekozen gedrag leidt tot het doel dat je wilt?

3. Over het regelen van *support*: gebruik je creativiteit. Veel zaken met betrekking tot gedragsverandering kun je systematisch aanpakken. Maar bij het organiseren van je support komt veel eigen creativiteit

kijken. Bijvoorbeeld bij het bedenken van veranderingen in de omgeving.
Gebruik de praktijkgids in dit boek, bestudeer voorbeelden van anderen, zet meerdere mogelijkheden op een rij en vraag je bij elk idee kritisch af: wat is de haalbaarheid en de impact op het gewenste gedrag?

Proberen: van beneden naar boven

Als je je plan hebt gemaakt met daarin doel, gedrag en support, is het tijd voor actie. Je gaat je plan uitproberen.
In de praktijkgids staan diverse aanwijzingen voor het proberen, van beneden naar boven, met De Ladder.
Hieronder een paar belangrijke tips om rekening mee te houden.

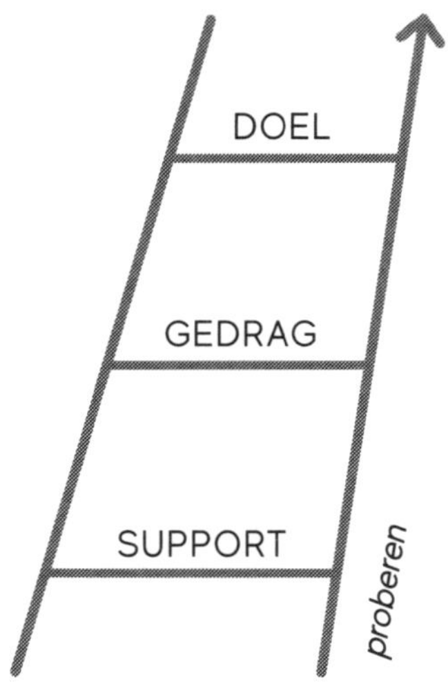

De Ladder: proberen van beneden naar boven

1) Realiseer je voortdurend dat veranderen draait om leren. Het gaat er niet om dat je bewijst dat je plan klopt, zo van: kijk mij eens, ik doe

het in één keer goed. Dat is volslagen onbelangrijk. Het gaat erom dat je een aanpak vindt die werkt voor jou en je doel dichterbij brengt. Dat is de maatstaf.
Feitelijk doorloop je als veranderaar steeds weer de 'empirische cyclus'. Je hebt een idee over hoe je een verandering gaat aanpakken, je gaat aan de slag en je kijkt of het werkt. Het is een doorlopend experiment.

2) Bij goed experimenteren horen een paar spelregels. Ik noem er een paar, je vindt er nog meer in de praktijkgids:

- Prik vooraf evaluatie-momenten: ga niet voortdurend evalueren, maar prik vooraf data. Bekijk dan aan de hand van de info die je hebt of je doorgaat op de ingeslagen weg.
- Stel vooraf criteria voor de evaluatie: bij welke resultaten ben je tevreden? Wanneer vind je dat je verandering niet goed gaat en wanneer wel?
- Stuur onderweg verstandig bij en gebruik ook hiervoor het Laddermodel. Hoe? Als het steeds niet lukt om het gewenste *gedrag* in praktijk te brengen, kijk dan kritisch naar je *support*. Is die wel krachtig genoeg? Of is het *gedrag* misschien net iets te ambitieus gekozen? En als het *gedrag* wel optreedt, maar het *doel* komt niet dichterbij, vraag je dan af: heb ik wel het juiste *gedrag* gekozen? Of - ook mogelijk - is je *doel* misschien te ambitieus gesteld?

Taaie problemen los je niet op met een uurtje vergaderen

3) Realiseer je dat er problemen zijn waar je nooit klaar mee bent. Sommige problemen waar je aan werkt, veranderen terwijl je ermee bezig bent. Andere problemen zijn zo complex dat we domweg nooit het hele plaatje te zien krijgen.

'Wicked problems' worden ze wel genoemd: taaie problemen. Problemen die je niet oplost met een uurtje vergaderen en een beetje logisch nadenken. Een taai probleem waar veel mensen mee worstelen: hoe kan ik een waardevol leven leiden?

Drie voorbeelden

Ter inspiratie geef ik je drie beknopte voorbeelden van het maken van een plan volgens het Laddermodel. We kijken achtereenvolgens naar:
1) het overwinnen van de waan van de dag;
2) inspirerend leiderschap;
3) werken aan je gezondheid.

■ Voorbeeld 1: de waan van de dag overwinnen

Veel mensen lijden onder werkdruk en de 'waan van de dag'. Hoe kun je als individu De Ladder gebruiken om daar iets aan te doen? Een paar suggesties.

Doel

Eerst moet je weten wat je doel is. Wil je evenveel werk blijven doen, maar dan slimmer en sneller? Of wil je minderen? Of zoek je een betere balans tussen werk dat *moet* en vooral energie kost, en werk dat je graag *wilt* doen en dat je energie geeft?

- Een leerdoel zou kunnen zijn: ik wil in de komende drie maanden verschillende manieren uitproberen om een gezonder evenwicht te vinden tussen werk dat moet gebeuren en werk dat ik leuk vind.
- Waarom? Omdat ik graag nog jarenlang leuk, nuttig en mooi werk wil doen. Voor anderen en mezelf.

Gedrag

Samen met een collega kijk je kritisch naar de huidige situatie. Er kunnen allerlei dingen beter. Je zegt nu te snel ja tegen taken die niet belangrijk zijn in relatie tot jouw doelen. Ook past een deel van je takenpakket niet bij je sterke punten. Je besluit om je ontwikkelpad te beginnen met vaker nee te zeggen tegen werk dat niet past bij je eigen doelen.

- Je gewenste gedrag is: als iemand je vraagt om een taak op te pakken, check je eerst of het past bij je prioriteiten. Past het niet, dan zeg je vriendelijk maar duidelijk nee.

Support
Je bladert door de praktijkgids achter in dit boek, op zoek naar technieken die zouden kunnen werken voor jou. Je kiest voor de volgende vier opties:

- Je legt een lijstje met je persoonlijke werkprioriteiten op je bureau. Als herinnering aan je voornemen, maar ook omdat je dan snel kunt bepalen of je ja of nee gaat zeggen tegen een verzoek.
- Je maakt een overzicht met vijf momenten-van-de-waarheid. Momenten waarop het moeilijk wordt om je aan je voornemen te houden. Je verzint en oefent verschillende manieren om in die gevallen toch nee te zeggen.
- Je vraagt je collega of hij je wil blijven steunen. Hij belooft dat hij elke maandag aan je zal vragen hoe het gaat met je verandering.
- Je houdt elke dag bij op je telefoon of het je gelukt is om je aan je voornemen te houden.

■ Voorbeeld 2: inspirerend leiderschap ontwikkelen

Veel mensen die leidinggeven willen graag een echt positieve bijdrage leveren. Hoe kun je De Ladder daarvoor gebruiken? Een paar ideeën.

Durven teamleden afwijkende dingen te zeggen en te proberen?

Doel
Je voelt al een tijdje de behoefte om je te ontwikkelen als leidinggevende. Een relevante vraag is: waarom? Wil je graag een stap zetten in je loopbaan? Gaat het je om meer betrokkenheid in je team? Of wil je meer innovatie en creativiteit?

- Een leerdoel zou kunnen zijn: ik wil dit jaar leren om op allerlei manieren de creativiteit in mijn team te stimuleren.

- Waarom? Als bedrijf hebben we te maken met stevige concurrentie en we hebben de ideeën van alle mensen nodig om het goed te blijven doen.

Gedrag

Je besluit een cursus te volgen op het gebied van inspirerend leiderschap met als thema 'psychologische veiligheid'. De centrale vraag hierbij is: durven teamleden afwijkende dingen te zeggen en te proberen zonder zich opgelaten te voelen? Het blijkt dat je daar als leider behoorlijke invloed op kunt uitoefenen.

- Je eerste stap haal je uit het cursusmateriaal: tijdens vergaderingen begin je ieder agendapunt met een vraag; je zorgt dat iedereen evenveel aan bod komt; en je laat je waardering merken voor elke bijdrage.

Support

Je neemt de praktijkgids achter in dit boek door, op zoek naar technieken die passen bij jou. Je kiest voor de volgende vier opties:

- Je vertelt je team bij de eerstvolgende vergadering wat je voortaan wilt doen en waarom. Je vraagt hun medewerking en hulp hierbij.
- In de map die je gebruikt bij vergaderingen, plak je een geeltje met daarop: 1) begin met een vraag; 2) geef iedereen evenveel zendtijd; 3) laat je waardering merken.
- Een van de teamleden ken je al heel lang. Je vraagt of zij je na elke vergadering kort wat feedback kan geven. Wat kon er beter, wat ging er goed?
- Je koopt een notitieboekje en maakt daarvan je veranderlogboek. Elke dag noteer je onder meer of je je aan je gedragsvoornemens hebt gehouden.

■ Voorbeeld 3: je fitter en gezonder voelen

Veel mensen eten te veel en bewegen te weinig. Ook nemen we vaak niet genoeg rust. Hoe kun je als individu De Ladder gebruiken om iets te verbeteren aan je leefstijl? Een paar mogelijkheden.

Doel

Eerst bepaal je wat je doel is. Wil je afvallen? Wil je de marathon van New York lopen? Of wil je je vooral wat fitter voelen?

- Je leerdoel zou kunnen zijn: ik wil in het komende jaar stap-voor-stap een gezonde leefstijl ontwikkelen. Nu geef ik mijn leefstijl het rapportcijfer 5. Over een jaar wil ik mezelf een 7 kunnen geven.
- Waarom? Je kiest een motto dat je laatst las: niemand kan kiezen hoe oud hij wordt, maar je kunt wel kiezen hoe je oud wordt.

Gedrag

Je bezoekt je huisarts en vraagt om advies. Ook lees je een aantal artikelen uit de wetenschapsbijlage van je krant. Op internet diep je een paar thema's wat verder uit. Je besluit stap-voor-stap te experimenteren met drie dingen:

- Gewenst gedrag 1: eerst werk je aan gezonde slaapgewoontes. Je gaat elke avond op dezelfde tijd naar bed, kijkt niet meer op je telefoon, maar leest een paar bladzijden uit een ontspannend boek.
- Gewenst gedrag 2: na twee maanden voeg je beweging toe. Je begint met elke avond twintig minuutjes wandelen na de avondmaaltijd. Later bepaal je of dat meer moet worden.
- Gewenst gedrag 3: twee maanden later experimenteer je met je eetpatroon. Je gebruikt een simpele tip van de dokter: beslis niet meer aan tafel wat je gaat eten, maar een uur van tevoren. Je zoekt uit of dat werkt. En: je zorgt ervoor dat bij iedere warme maaltijd groenten het hoofdbestanddeel zijn.

Support

Je bestudeert de praktijkgids achter in dit boek en kiest vier technieken die jou aanspreken:

- Je koopt een nieuw kussen om het makkelijker voor jezelf te maken om lekker te slapen. En je legt alvast geld apart voor een paar wandelschoenen.

- Je zet een app op je telefoon die je dagelijks herinnert aan je nieuwe 'habits', waarmee je kunt monitoren of je je voornemens ook elke dag uitvoert.
- Je maakt een lijstje met momenten waarop het moeilijk wordt om je aan je voornemen te houden. Je bedenkt voor elk moment-van-de-waarheid een manier om toch door te zetten.
- Je spreekt met een goede vriend af om wekelijks tien minuutjes te bellen, op vrijdagavond. Even terugkijken op hoe de afgelopen week ging en vooruitkijken naar de komende week.

De Ladder in verschillende omgevingen

Je kunt het Laddermodel toepassen op persoonlijk niveau, maar ook gebruiken bij veranderingen binnen kleine en grote groepen. Bijvoorbeeld als manager of als bestuurder.

Een aantal tips voor het gebruiken van De Ladder bij achtereenvolgens:
1) persoonlijk leiderschap;
2) verandermanagement;
3) maatschappelijke verandering.

■ 1. De Ladder en persoonlijk leiderschap

Wie De Ladder toepast op zichzelf, op zijn eigen privé- of werkleven, is bezig met persoonlijk leiderschap: de kunst om je eigen ontwikkeling te plannen en te sturen.

> Persoonlijk leiderschap is geen hobby of overbodige luxe

Dat is geen hobby of overbodige luxe. Zeker niet in de huidige werkomgeving. De wereld verandert snel. De kennis en vaardigheden waarmee je je opleiding verlaat, zijn niet meer voldoende om tot je pensioen met succes en plezier je werk te doen. Je zult jezelf moeten blijven ontwikkelen.

Veel van de tips in de vorige hoofdstukken hebben betrekking op persoonlijke ontwikkeling en verandering. Ik noem hier nog drie aandachtspunten voor het gebruiken van het Laddermodel en dit boek.

a) Wees kritisch op je eigen denkproces

Het wordt verschillende keren genoemd in dit boek: ons brein heeft een grote voorkeur voor gemak. Dat kun je slim gebruiken om nieuw gedrag te stimuleren. Maar de neiging tot gemak kan ook een valkuil zijn bij het maken van je veranderplannen.
Realiseer je dat we allemaal - volautomatisch - een voorkeur voelen voor doelen, gedragingen en support-technieken waar we bekend mee zijn en die ons makkelijk afgaan. Bevraag jezelf daarom kritisch onderweg: durf ik ook een aanpak te kiezen die minder vertrouwd voelt, die meer moeite kost, maar die wel effectiever zou kunnen zijn?

b) Overweeg diverse mogelijkheden

Kies je doel, je gedrag en je support-technieken niet te snel, maar verken verschillende mogelijkheden voor je een keuze maakt. Hoe doe je dat? Bespreek je voornemen met diverse mensen. Schrijf je ideeën op en lees ze in verschillende situaties en gemoedstoestanden nog eens door. En vraag je af: wat nu als ik het eens heel anders zou moeten doen? Ga ook bewust op zoek naar tegenspraak: vraag andere mensen om eens kritisch te kijken naar je plan. Zitten er overduidelijke denkfouten in? Heb je iets volkomen over het hoofd gezien?

c) Wacht niet tot je het zeker weet

Ja, het loont de moeite om een goed plan te maken. Maar overdrijf het niet. Stop er een paar dagen in en ga dan aan de slag. Onthoud: De Ladder is een leermodel. Je maakt een plan en probeert vervolgens gewoon of het werkt. Het doel is niet: in één keer goed. Het doel is: ontdekken wat werkt.
Sommige mensen zijn onzeker en willen allerlei garanties vooraf: gaat dit echt lukken? Hoe weet ik zeker dat dit werkt? De Ladder biedt je déze zekerheid: je zult leren, je zult allerlei dingen ontdekken over

je doelen, over je gedrag en over welke support-technieken werken voor jou. En daardoor zet je stappen vooruit.

■ 2. De Ladder en verandermanagement

Veranderingen in een organisatie kunnen allerlei vormen aannemen. Het verbeteren van de klantgerichtheid, een nieuwe manier van leidinggeven, een slimmer innovatieproces...
De ene keer werk je met een team een paar dagen aan een plan. De andere keer heb je een uur om in je eentje een vergadering voor te bereiden. In beide gevallen helpt het Laddermodel je om gestructureerd naar verandering te kijken.
Drie praktische tips specifiek voor het gebruiken van De Ladder in een bedrijfsomgeving.

a) Hanteer deze volgorde: eerst wie, dan wat
Als je samen gaat veranderen, loop dan ook samen alle treden van De Ladder af en op.
Inspraak bij het bedenken van een verandering werkt. Zolang je als management maar transparant bent over het proces. Geef bijvoorbeeld vooraf duidelijk aan wat je zult doen met de ideeën van medewerkers. Of stel duidelijke criteria op - bijvoorbeeld op het gebied van financiën - en beloof: alle ideeën die voldoen aan deze criteria worden besproken.
Over de volgorde zijn de meeste veranderkundigen het wel eens. Zorg eerst dat je de juiste mensen aan tafel hebt en denk dan pas na over de inhoud van de verandering. Als het niet mogelijk is om iedereen te laten meepraten, kies dan mensen die het vertrouwen genieten van hun collega's.
Ja, als je alleen werkt aan je plan gaat het sneller. Maar die tijd raak je bij het implementeren gegarandeerd weer kwijt.

b) Leer samen, met iedereen
Ik sprak een paar jaar geleden een manager tijdens een workshop.

Hij vertelde: "Ik heb een probleem. We hebben pilots gedraaid in vier afdelingen. Dat heeft tijd en moeite gekost. Maar we hebben iets gevonden dat werkt. Die oplossing willen we nu ook uitrollen in de rest van de organisatie. Maar we merken dat dit helemaal niet lekker loopt."

Mijn vraag en advies aan hem was: "Als die pilots, die experimenten een succesvolle manier waren om samen tot veranderingen te komen, waarom ga je er dan niet mee door?
Stop met uitrollen. Doe alleen nog pilots."

> Stop met uitrollen, doe alleen nog pilots

Samen experimenteren is effectief. Je leert, je stuurt bij, je past aan. Mensen zijn doorgaans meer tevreden over plannen waaraan ze zelf hebben meegedacht.

c) Zorg voor maatwerk

Te vaak willen we heel verschillende mensen allemaal hetzelfde behandelen. We eisen dat ze dezelfde *doelen* halen, dat ze hetzelfde *gedrag* vertonen en we bieden ze daarbij dezelfde *support*.
Een van de belangrijkste lessen die ik in mijn eigen onderzoek heb geleerd is dat dit niet effectief is. Hoe dan wel? Hier mijn drie tips:

- Bepaal samen met medewerkers persoonlijke doelen.
- Laat medewerkers bij een verandering hun eigen gedrag selecteren. Vraag om gedrag:
    - … waarmee ze zelf positieve ervaringen hebben.
    - … dat niet alleen voor het bedrijf, maar ook voor henzelf op korte termijn tot positieve resultaten leidt.
    - … dat niet concurreert met hun andere belangrijke taken.
- Bedenk als leidinggevende welke ondersteuning op maat je elk individu in je team zou kunnen geven.

■ 3. De Ladder en maatschappelijke verandering

Maatschappelijke verandering kan betrekking hebben op talloze onderwerpen... Het verminderen van de CO_2-uitstoot, het correct ingevuld krijgen van belastingformulieren, het terugdringen van tabaks- en alcoholgebruik.
Massieve, complexe problemen. Maar wat ze met elkaar gemeen hebben, is dat ze draaien om gedragsverandering.
Het stap-voor-stap terugwerken van een maatschappelijk doel naar gewenst gedrag - vaak van verschillende doelgroepen - en vervolgens naar supportmaatregelen, is ook voor beleidsmakers en bestuurders een praktische aanpak.
Drie belangrijke tips voor het toepassen van De Ladder voor maatschappelijke vraagstukken.

a) Experimenteer eerst klein
Als overheid kun je op verschillende manieren gewenst gedrag van burgers 'supporten'. Bijvoorbeeld door middel van regels, met financiële prikkels, met communicatie, met de inrichting van de openbare ruimte.
Voordat je nieuwe maatregelen loslaat op burgers, helpt het om eerst kleinschalige experimenten te doen. Geen grote experimenten met subsidies en commissies, maar kleine. Net zoals een startup-bedrijf bij kleine groepjes klanten experimenteert met verschillende versies van zijn product, kunnen ook overheden beleid testen en kijken wat werkt in praktische omstandigheden.
Begin met mini-experimentjes, met een simulatie onder medewerkers of een test onder studenten. Dit biedt je de gelegenheid om je aannames op het gebied van menselijk gedrag te testen, voordat je serieus gaat investeren.

b) Houd rekening met de kracht van verlies
Van *Daniel Kahneman* leerde ik tijdens een interview dat ik met hem hield: elke beleidsmaatregel kent winnaars en verliezers. En omdat

de motiverende kracht van verlies veel groter is dan die van winst, zullen de verliezers altijd harder vechten tegen het beleid dan de winnaars ervoor.
Kahneman stelde: "Die asymmetrie maakt grootschalige hervormingen en veranderingen buitengewoon moeilijk. En per definitie ook duurder dan je verwacht. Omdat je, op de een of andere manier, de verliezers tevreden moet stellen."
Mijn conclusie: wie als bestuurder vooraf niet nadenkt over de kracht van 'loss aversion', loopt een grote kans om uiteindelijk zelf de grootste verliezer te worden.

c) Wees open

Ik had het al eerder over de inzet van 'nudges'. Kleine duwtjes die ons - vaak zonder dat we ons daar bewust van zijn - in de gewenste richting helpen.
De overheid maakt steeds vaker gebruik van *nudging*, bijvoorbeeld om burgers hun belasting sneller te laten betalen of studenten minder geld te laten lenen.
Niet iedereen is blij met deze aanpak. Sommige mensen ervaren deze vorm van beïnvloeding als manipulatief, juist omdat er vaak op onbewuste mechanismen wordt ingespeeld.
Je kunt hiertegen inbrengen: iedereen wordt voortdurend beïnvloed door de manier waarop keuzes worden aangeboden. We pakken in de supermarkt bijvoorbeeld ook eerder producten die op ooghoogte liggen. En dat is zo. Maar de overheid is geen supermarkt. Daarom is het als beleidsmaker of bestuurder verstandig om altijd duidelijk aan het publiek uit te leggen waarom je welke maatregel neemt.

Ten slotte

Elke grote verandering begint met een kleine eerste actie. Bijvoorbeeld het uitproberen van een tip uit dit boek op jezelf. Of het bespreken van het Laddermodel met vrienden of collega's.
Maar voor een eerste actie is vaak wel een beetje lef nodig. Daarover gaat dit laatste - persoonlijke - verhaal.

Onze jongste dochter Bernice maakte recent de overstap van de basisschool naar het voortgezet onderwijs. Spannend. Bij de kennismakingsdag stonden enkele tientallen kinderen en ongeveer evenveel volwassenen onwennig om zich heen te kijken.
Opeens liep Bernice naar een ander meisje, een paar meter verderop en begon een gesprek. Ik dacht dat ze elkaar ergens van kenden en vond het fijn voor haar. In elk geval één bekend iemand.

Soms is het genoeg om twintig seconden idioot dapper te zijn

Toen ik Bernice een paar uur later weer haalde, begreep ik echter dat zij en het andere meisje elkaar nog helemaal niet eerder hadden ontmoet. "Dus je bent gewoon op iemand afgestapt die je wel leuk leek," zei ik. "Dat is best wel dapper."
"Ja. Ik dacht: laat ik maar doen wat ze in die film zeiden die we laatst zagen. Je weet wel: *We Bought a Zoo*."

Ik wist het weer. Een film met *Matt Damon* die - je raadt het al - een dierentuin koopt.
Onderweg geeft hij een belangrijk advies aan zijn zoon: "*You know, sometimes all you need is twenty seconds of insane courage. Just literally twenty seconds of just embarrassing bravery. And I promise you, something great will come of it.*"

Blijkbaar had deze les indruk gemaakt op onze dochter. En nu maakte hij indruk op mij.
Gewoon even slikken, even twintig seconden heel dapper zijn...
Dat kan het verschil maken tussen een vervelende of een leuke eerste dag op je nieuwe school.
Of het verschil tussen een boek lezen en besluiten er iets mee te doen. Tussen een droom en een verandering.

Samenvatting

- Plan: van doel, naar gedrag, naar support. Steek er niet te veel tijd in en ga aan de slag. Probeer: van support, naar gedrag, naar doel.
- Realiseer je dat veranderen altijd draait om leren. In één keer goed lukt niemand.
- De eerste stap is moeilijk, maar hiermee maak je het verschil tussen blijven dromen en daadwerkelijk veranderen.

Vraag

Wat zou een kleine, concrete eerste stap zijn om een begin te maken met de verandering die je belangrijk vindt?

PRAKTIJKGIDS VOOR GEDRAGSVERANDERING

Deze praktijkgids bevat 82 tips op het gebied van veranderpsychologie. Tips die de kans op succes bij een verandering vergroten.

De tips zijn geselecteerd uit gedragsonderzoek en geordend aan de hand van De Ladder. Eerst krijg je tips voor het bepalen van je *doel*, dan volgen er tips voor het beschrijven van *gedrag* en daarna komen de tips op het gebied van *support*. Ten slotte volgen nog tips voor het *plannen* en *proberen* van een verandering.

De tips zijn toepasbaar op individuele gedragsverandering, maar ook op het veranderen in kleine en grote groepen.

1. Je doel bepalen

De bovenste tree van De Ladder is het *doel.* Iedere geplande verandering heeft een doel: een nieuwe situatie of een uitkomst die je de moeite waard vindt om naar te streven.

Hieronder vind je praktische tips uit gedragsonderzoek die je helpen bij:
a) de voorbereiding op het kiezen van een doel;
b) het bedenken van doelen;
c) het selecteren en vastleggen van je doel.

■ A. De voorbereiding op het kiezen van een doel

Deze tips helpen je om op de meest effectieve manier te werken aan het bepalen van je doel.

Tip 1: Laat mensen als het even kan hun doel **zelf kiezen** en formuleren. Een doel dat aansluit bij wat zij belangrijk vinden en dat zij zelf denken te kunnen bereiken.

Tip 2: **Betrek anderen** bij het denkproces over je doelen. Dat leidt tot meer verschillende inzichten en daardoor vaak tot betere beslissingen.

Tip 3: **Gebruik onderzoek**: kijk of er onderzoek is dat je kan inspireren. Onderzoek dat laat zien welke doelen effectief kunnen zijn in jouw situatie.

Tip 4: **Goede ervaringen**: kies doelen die in het verleden nuttig bleken in vergelijkbare situaties. Of kies een manier om doelen te bedenken en te selecteren - alleen of samen - die in het verleden goed bleek te werken.

■ B. Het bedenken van doelen

Deze tips helpen je om een doel te bedenken waarmee het veranderen van gedrag - en daarmee het realiseren van je doel - makkelijker zal worden.

Tip 1: Ga **in de praktijk** van je werk of privéleven na naar welke doelen je nu streeft en of dat werkt. Voorkom zelfbedrog, zoals: dezelfde doelen opstellen als vorig jaar, terwijl deze niet motiverend bleken te zijn.

Tip 2: Formuleer het doel waar je naar streeft zo mogelijk in termen van persoonlijke ontwikkeling en niet in termen van wat je wilt presteren. Oftewel: **geen prestatiedoel, maar een ontwikkeldoel**.
Meer informatie hierover vind je in hoofdstuk 5.

Tip 3: Bedenk een doel dat verbonden is met **een hoger doel**. Je bent meer gemotiveerd voor een doel wanneer je weet **waarom** het doel belangrijk is.
Meer hierover vind je in hoofdstuk 5.

Tip 4: Vraag je af wat op dit moment **urgent** is. Zoek naar een doel dat niet langer kan wachten. Er is een kans, of een dreiging, of een probleem dat nú belangrijk is.
Meer hierover vind je in hoofdstuk 5.

Tip 5: Vraag je af: krijg ik spijt als ik niet aan de slag ga met dit doel? Vooraf nadenken over mogelijke spijt in de toekomst - **geanticipeerde spijt** - kan de motivatie voor een doel vergroten.

Tip 6: Zoek naar een goed **evenwicht tussen ambitie en haalbaarheid**. Een ambitieuzer doel blijkt doorgaans een sterkere motivatie op te leveren, mits je ervan overtuigd bent dat dit doel ook haalbaar is.

■ C. Het selecteren en vastleggen van je doel

Deze tips helpen je om je doel zo te kiezen en te beschrijven dat je de kans op een geslaagde verandering vergroot.

Tip 1: Maak een **lijst** van mogelijke doelen en **selecteer** aan de hand van de volgende **drie criteria**:
- De *impact* op hoger gelegen doelen: brengt dit doel je dromen of idealen dichterbij?
- De *haalbaarheid*: kan dit doel ook daadwerkelijk gerealiseerd worden?
- Mogelijke positieve *neveneffecten*: leidt dit doel onderweg - bijvoorbeeld - tot saamhorigheid of andere positieve 'bijwerkingen'.

Tip 2: Selecteer **één helder doel**. Dat is in de praktijk al complex genoeg.

Tip 3: **Schrap concurrerende doelen**. Zijn er andere, bestaande doelen die het werken aan jouw doel ondermijnen? Bijvoorbeeld omdat ze je in een andere richting leiden of omdat ze gebruikmaken van dezelfde beperkte middelen, zoals tijd, energie of geld? Schrap zo mogelijk het andere doel.

Tip 4: Zijn er toch meerdere doelen? Maak dan een duidelijke **prioriteitenlijst**. Plaats je doelen op volgorde van belang.
In hoofdstuk 5 vind je meer over deze tip.

Tip 5: Check: sluit dit doel aan bij de **drie aanjagers van gedrag**? Stel jezelf de volgende vragen:
- Geloof ik dat ik de kennis en vaardigheden heb om te werken aan dit doel? (capaciteit)
- Wil ik graag werken aan dit doel? (motivatie)
- Heb ik ook de gelegenheid om te werken aan dit doel? (omgeving)

Tip 6: Formuleer je doel **helder, specifiek en beeldend**. Als je slaagt, hoe ziet het resultaat er dan uit? Als het gaat om ontwikkeldoelen: wat kun jij dan beter, anders dan nu?

Tip 7: **Schrijf je doel op.** Schrijf ook op waarom het belangrijk voor je is. Noteer ook andere opvallende punten rond je doel die tijdens het bedenken ervan naar boven kwamen.

Tip 8: **Deel het doel** dat je hebt gekozen met andere mensen, zo mogelijk face-to-face. Dat verhoogt je motivatie om eraan te werken.

2. Je gedrag kiezen

De middelste tree van De Ladder is *gedrag*. Om tot nieuwe, betere resultaten te komen, is in veel gevallen nieuw, beter gedrag nodig.

Hieronder vind je praktische tips uit gedragsonderzoek die je helpen bij:
a) de voorbereiding op het kiezen van gedrag;
b) het bedenken van nieuw gedrag;
c) het selecteren en vastleggen van het gewenste gedrag.

■ A. De voorbereiding op het kiezen van gedrag

Deze tips helpen je om op de meest effectieve manier te werken aan het vinden en beschrijven van gedrag dat het doel dichterbij gaat brengen.

Tip 1: Als je werkt aan een verandering in een groep, laat mensen dan als het even kan hun gedrag **zelf kiezen en formuleren** in relatie tot het doel. Dit vergroot de kans dat het gedrag past bij hun capaciteiten, motivatie en omgeving.

Tip 2: Formuleer gewenst gedrag niet alleen, maar **betrek anderen** bij het proces. Meer verschillende inzichten leiden vaak tot betere beslissingen.

Tip 3: **Gebruik onderzoek**: zoek naar research die je kan inspireren, die laat zien welk gedrag werkt; welk gedrag leidt tot het dichterbij brengen van je doelen.

Tip 4: **Goede ervaringen:** kijk naar het gedrag dat in het verleden nuttig is gebleken in vergelijkbare situaties. Voor jezelf of voor andere mensen.

■ B. Het bedenken van nieuw gedrag

Deze tips helpen je om gewenst gedrag te bedenken voor het daadwerkelijk bereiken van je doel.

Tip 1: Ga **in de praktijk** na welk gedrag er nu wordt vertoond in relatie tot het gekozen doel. Observeer zelf, en vraag zo nodig ook anderen om te observeren, zodat je later geen keuzes maakt op basis van aannames, maar op basis van feiten.

Tip 2: **Breng je sterke punten in kaart**. Sterke punten zijn activiteiten waar je goed in bent (capaciteit) en die je energie geven (motivatie). Wanneer het gewenste gedrag gebaseerd is op sterke punten, is de kans dat een verandering slaagt, groter.
Meer hierover vind je in hoofdstuk 6.

Tip 3: **Formuleer** het gewenste gedrag **in positieve termen**. Zeg wat je *wel* gaat doen (en niet wat je niet gaat doen). Dus ook geen voornemens als: ik ga stoppen met gedrag X. Maar liever een voornemen als: *als* ik zin krijg in gedrag X, *dan* doe ik juist gedrag Y. Als je bijvoorbeeld minder tijd wilt doorbrengen op je smartphone, formuleer dan een aantrekkelijk alternatief.
Bijvoorbeeld: als ik moet wachten, lees ik een paar pagina's in een boek dat ik heb meegenomen.

Tip 4: Kies bij voorkeur niet gedrag dat je één of enkele keren zult vertonen, maar bedenk gedrag dat je - na enige oefening - altijd kunt volhouden. Bedenk **positieve nieuwe gewoontes** die - als je bijvoorbeeld aan persoonlijke verandering werkt - er op termijn voor zorgen dat je steeds meer de persoon wordt die je wilt zijn.

Tip 5: Als het even kan, kies dan **gedrag dat je leuk vindt om uit te voeren**. Het ervaren van positieve emoties bij een taak zorgt ervoor dat je eraan begint en doorzet. Het ervaren van negatieve emoties

bij een taak zorgt voor het omgekeerde: uitstellen en afhaken.
Meer hierover vind je in hoofdstuk 6.

Tip 6: Als je oud gedrag wilt vervangen door nieuw gedrag, **onderzoek** dan: **wat levert het oude gedrag op**? Wat is de directe beloning van het huidige, ongewenste gedrag? Vraag je af: kun je die beloning ook bereiken met het nieuwe, gewenste gedrag? Kun je verlies voorkomen? Zorg anders voor extra positieve prikkels die het nieuwe gedrag stimuleren.

Tip 7: Maak gebruik van zogenaamde **'als-dan'-voornemens**. Bijvoorbeeld: *als* ik één of twee verdiepingen omhoog moet, *dan* neem ik altijd de trap. Met zulke voornemens koppel je gedrag aan bestaande gewoontes of aan concrete situaties. Daarmee vergroot je de kans dat je dit gedrag ook uitvoert.
Meer hierover vind je in hoofdstuk 6.

Tip 8: Wees niet meteen te ambitieus in je gedragsvoornemen, maar denk 'simpel'. **Maak de eerste stappen zo eenvoudig mogelijk**. Dit leidt sneller en eenvoudiger tot succeservaringen en daarmee tot doorzetten. Daarna kun je het gedrag stap-voor-stap uitbreiden.
Meer hierover vind je in hoofdstuk 6.

Tip 9: Mocht je de indruk hebben dat de eerste stap nog net iets te groot is voor jezelf of voor de mensen die het gedrag moeten uitvoeren, aarzel dan niet om een **nog kleinere eerste stap** te formuleren. Waarom? Als het gewenste gedrag niet op gang komt, eindigt je verandering al aan het begin.
Meer hierover vind je in hoofdstuk 6.

■ C. Het selecteren en vastleggen van het gewenste gedrag

Deze tips helpen je om het gewenste gedrag zo te kiezen en te beschrijven dat je de kans op een geslaagde verandering vergroot.

Tip 1: Maak een **lijst** van mogelijke gedragingen en **selecteer** aan de hand van de volgende **drie criteria**:

- De *impact* op je doel.
- De *haalbaarheid* van het gedrag.
- Mogelijke positieve *neveneffecten*.

Een extra criterium zou kunnen zijn: is het gedrag eenvoudig observeerbaar en meetbaar? Dat maakt namelijk het toepassen van allerlei support-technieken - zoals het bijhouden van de progressie - een stuk eenvoudiger.

Tip 2: Selecteer bij voorkeur **één gedraging.** Of kies twee nauw samenhangende gedragingen. Denk bijvoorbeeld aan: ik wil elke dinsdag en donderdag om half zeven hardlopen. En daarom wil ik op maandag en woensdag voor elf uur naar bed gaan.

Tip 3: Schrap **concurrerende gedragsvoornemens.** Zijn er andere, bestaande voornemens die je plannen doorkruisen? Schrap dan zo mogelijk het andere voornemen.

Tip 4: Check: sluit het gekozen gedrag aan bij de **drie aanjagers van gedrag**? Stel jezelf de volgende vragen:

- Geloof ik dat ik dit kan? (capaciteit)
- Wil ik dit echt? (motivatie)
- Heb ik ook de gelegenheid om dit te doen? (omgeving)

Tip 5: Beschrijf het gewenste gedrag **heel duidelijk**: wie moet wat doen, waar, wanneer en met wie? Formuleer het gedrag in de vorm van een heldere instructie voor degene die het moet uitvoeren. Ook als jij zelf die persoon bent.
Meer hierover vind je in hoofdstuk 6.

Tip 6: Als je bij het formuleren van je doel cijfers gebruikt, kies dan zo mogelijk een **laag-hoog-doel.** Zeg niet: ik ga dit zes keer per week doen, maar: ik ga dit vijf tot zeven keer per week doen. Dit is voor veel mensen motiverender.

Tip 7: **Schrijf het gewenste gedrag op.** Beschrijf ook expliciet de relatie tussen je gedrag en het gekozen doel. Hoe gaat dit gedrag je doel dichterbij brengen? Noteer ook andere belangrijke zaken die tijdens het bedenken van het gedrag naar boven kwamen.

Tip 8: **Deel het geformuleerde gedrag** met andere mensen, zo mogelijk face-to-face. Dat verhoogt je motivatie om ermee aan de slag te gaan.

3. De support regelen

De onderste tree van De Ladder is *support*. Hierbij draait het om technieken die je helpen om het nieuwe, gewenste gedrag in de praktijk te brengen. Zonder support lukt gedragsverandering niet.

Hieronder vind je praktische tips uit gedragsonderzoek die je helpen bij:
a) de voorbereiding op het kiezen van support;
b) het bedenken van je support-aanpak;
c) het selecteren en vastleggen van je support-aanpak.

■ A. De voorbereiding op het kiezen van support

Deze tips helpen je om op de meest effectieve manier te werken aan het kiezen van support-technieken.

Tip 1: Als je werkt aan een verandering in een groep, laat mensen dan als het even kan hun support-technieken **zelf kiezen.** Technieken die zij nodig denken te hebben om hun gedrag te veranderen.

Tip 2: **Betrek anderen** bij het nadenken over support. Dat leidt tot meer verschillende inzichten en daardoor vaak tot betere keuzes.

Tip 3: **Gebruik onderzoek:** gebruik support-technieken - zoals de technieken in deze lijst - waarvan onderzoek heeft bewezen dat ze werken in verschillende omstandigheden.

Tip 4: **Goede ervaringen:** kijk naar support-technieken waar je in het verleden positieve ervaringen mee hebt opgedaan.

■ B. Het bedenken van je support-aanpak

Hieronder volgt een lijst met praktische tips en concrete gedragsveranderingstechnieken die je onderling kunt combineren om het gewenste gedrag te stimuleren.

Tip 1: Ga **in de praktijk** van je werk of privéleven na wat je nu al doet op het gebied van support. Welke technieken gebruik je al en hoe functioneren ze momenteel in jouw situatie?

Tip 2: Denk vanuit de **drie aanjagers van gedrag**. Hoe staat het met de **capaciteit** van jouzelf of de betrokken mensen, met de **motivatie**, met de **omgeving**? Waar zit momenteel de grootste belemmering voor gedragsverandering? Wat houdt jou of hen tegen om te veranderen? En wat zou je hieraan kunnen doen?

Tip 3: Maak het gewenste gedrag **zo gemakkelijk mogelijk** door aanpassingen in de **sociale en fysieke omgeving**. Haal de remmende krachten, de belemmeringen voor het gedrag, zo veel mogelijk weg. Meer hierover vind je in hoofdstuk 7.

Tip 4: Herinner jezelf of de mensen met wie je werkt aan het gewenste gedrag door middel van prikkels in de directe omgeving. Voeg bijvoorbeeld zichtbare **reminders** toe aan de omgeving, zoals posters of symbolen die verwijzen naar het doel of het gedrag waar je aan werkt.

Tip 5: Zorg voor **duidelijke gedragsinstructies**. Denk aan zichtbare regels, checklist of protocollen.
Een voorbeeld: op veel ziekenhuisafdelingen voor spoedeisende hulp hangt het ATLS-protocol aan de muur. De afkorting staat voor *Advanced Trauma Life Support*, een protocol dat artsen helpt om onder hoge druk toch de juiste keuzes te maken.

Tip 6: Zorg voor een **goed voorbeeld**, iemand die het gewenste gedrag voordoet. Liefst zichtbaar in de directe omgeving en anders via video of op een andere, beeldende manier. Gedrag van mensen die op ons lijken kan leiden tot imitatie en verhoogt ook vaak ons geloof in eigen kunnen.

Tip 7: Zorg voor **directe beloningen** voor gewenst gedrag, of zo nodig voor de inspanning om dit gedrag te laten zien. Wanneer ons brein nieuw gedrag associeert met een plezierig gevoel - bijvoorbeeld veroorzaakt door een compliment - dan neemt onze neiging om dit gedrag te vertonen toe. In de psychologie heet dit mechanisme *positive reinforcement*, oftewel: positieve bekrachtiging.
Belangrijk is dat de beloning onmiddellijk volgt op het gedrag. Dat hoeft overigens niet voortdurend. Onderzoek laat zien dat 'partiële bekrachtiging' - af en toe belonen - een sterker effect heeft dan altijd belonen.
Een praktisch voorbeeld: je kunt in een groep afspreken om elkaar regelmatig aan te moedigen en te complimenteren bij het nieuwe, gewenste gedrag en daar zelf mee beginnen.

Tip 8: Koppel meer **positieve emoties** aan het gewenste gedrag. Als mensen het gewenste gedrag leuk vinden, is dat een krachtige stimulans om het ook vol te houden.
Meer hierover vind je in hoofdstuk 6.

Tip 9: Organiseer **ondersteuning door de sociale omgeving**. Vraag vrienden, collega's of gezinsleden om te helpen bij het uitvoeren van het nieuwe gedrag. Praktisch en/of door je aan te moedigen.

Tip 10: Organiseer **feedback**. Zorg ervoor dat de omgeving laat weten of jij, of jullie het gewenste gedrag vertonen en eventueel hoe goed jullie dat doen.
Dat kan op een heel neutrale, feitelijke manier, bijvoorbeeld door een video van jezelf terug te kijken. Maar je kunt ook feedback krijgen aan de hand van een duidelijke standaard. Denk aan de elektronische verkeersborden die een groene *smiley* laten zien als je je aan de maximumsnelheid houdt. Of aan een coach die je vertelt

wat je goed deed en wat beter kon bij een presentatie die je gaf.

Tip 11: Denk realistisch na over wat de moeilijke momenten zullen zijn tijdens het veranderen: de **momenten-van-de-waarheid**. Bedenk vervolgens manieren om dan tóch door te zetten. Als probleem X zich voordoet, dan gebruik ik oplossing Y.
Meer hierover vind je in hoofdstuk 7.

Tip 12: **Neem een korte pauze en denk na over je doelen**: als het moeilijk is om het gewenste gedrag te vertonen in een bepaalde situatie, pauzeer dan kort en herinner jezelf aan het 'waarom' van je gedrag en van je doel.
Meer hierover vind je in hoofdstuk 7.

Tip 13: **Oefen het nieuwe gedrag**, bijvoorbeeld met vrienden of collega's, voordat je het 'in het echt' gaat toepassen. Als je bijvoorbeeld vaker nee wilt zeggen tegen verzoeken op je werk, oefen dit soort gesprekken dan eerst enkele keren thuis.

Tip 14: Maak gebruik van **zelfmonitoring van gedrag**. Houd dagelijks bij - op papier, op je computer of in je telefoon - of je het gewenste gedrag vandaag ook hebt uitgevoerd.
Meer over deze techniek vind je in hoofdstuk 7.

Tip 15: Zorg dat mensen die moeten veranderen de **progressie naar het doel** ervaren. Kleine stapjes vooruit zijn motiverend, zorg daarom dat je ze zichtbaar maakt.
Meer over deze support-techniek vind je in hoofdstuk 7.

■ C. Het selecteren en vastleggen van je support-aanpak

Deze tips helpen om je support-technieken zo te kiezen en vast te leggen dat je de kansen op een geslaagde verandering vergroot.

Tip 1: Verzin een **groot aantal praktische toepassingen** van de support-technieken die ik heb genoemd. Hoe denk jij ze te gaan gebruiken in jouw situatie? **Selecteer daarna** drie of meer toepassingen aan de hand van **de volgende criteria**:

- De *impact* op het gewenste gedrag: gaat deze support-toepassing het gewenste gedrag echt stimuleren?
- De *haalbaarheid*: lukt het me om deze toepassing echt te regelen?
- De mogelijke positieve *neveneffecten*: leidt deze toepassing - zoals bijvoorbeeld het geven van complimenten voor het uitvoeren van gewenst gedrag - ook tot positieve 'bijwerkingen'?

Tip 2: **Kies drie of meer support-technieken**. Gebruik verschillende technieken tegelijk om het gewenste gedrag te stimuleren. Anders loop je het risico dat je interventie verloren gaat in de 'ruis', de drukte van alledag.

Tip 3: **Verwijder concurrerende invloeden.** Ga op zoek naar prikkels in de direct omgeving die het gewenste gedrag hinderen of die juist verkeerd gedrag stimuleren. Verwijder deze concurrerende prikkels zo mogelijk.

Tip 4: Check: sluiten de gekozen support-technieken aan bij de **drie aanjagers van gedrag**? Stel jezelf de volgende vragen:

- Kan ik deze support ook echt organiseren? (capaciteit)
- Wil ik dit echt? (motivatie)
- Heb ik ook de gelegenheid om dit te doen? (omgeving)

Tip 5: **Maak een duidelijk support-plan**. Wie gaat bijvoorbeeld verschillende onderdelen van het plan regelen? Waar, wanneer en met wie?

Tip 6: **Schrijf je support-plan op.** Beschrijf ook expliciet de relatie tussen de support-technieken en het gewenste gedrag en het gekozen doel. Noteer ook andere belangrijke zaken die tijdens het bedenken van je support-aanpak naar boven kwamen.

Tip 7: **Deel de support-aanpak** die je hebt gekozen met andere mensen, als het even kan face-to-face. Dat versterkt je motivatie om eraan te werken.

Tip 8: **Varieer** regelmatig in het gebruik van support-technieken. Na een tijdje treedt gewenning op en werken de gekozen prikkels minder sterk.

4. Plannen en proberen

Als je aan de slag gaat met De Ladder, dan *plan* je eerst je verandering 'van boven naar beneden'. Je kiest je *doel*, je vertaalt het naar *gedrag* en je kiest je *support*.

Vervolgens ga je aan de slag: je *probeert* 'van onderen naar boven' of het werkt. Je zorgt dat je *support*-technieken op orde zijn, daarna probeer je het nieuwe, gewenste *gedrag* uit en zo werk je toe naar je *doel*. Onderweg kijk je hoe het loopt en stuur je waar nodig bij.

Veel van de eerdere tips in deze praktijkgids gaan over het *plannen* van een verandering. Hieronder vind je een aantal extra tips op dit gebied en een aantal praktische tips op het gebied van *proberen*.

■ Tips voor het plannen van een verandering

Tip 1: **Werk altijd stap-voor-stap terug** van het doel, naar het gedrag, naar de support. Neem eerst De Ladder naar beneden en dan pas naar boven.

Tip 2: Werk je met een groep mensen aan de voorbereiding van een verandering, spreek dan van tevoren goed af **hoe je gezamenlijk tot een plan zult komen**. Wat is het proces hiervoor? Tot hoever reikt bijvoorbeeld de inspraak die mensen hebben? Onderzoek laat zien dat mensen het belangrijk vinden dat het samenwerken aan een veranderplan fair en transparant gebeurt.

Tip 3: Als je met een kleine groep mensen werkt aan een veranderplan voor een grote groep, zorg dan dat de kleine groep bestaat uit mensen die door de grote groep worden vertrouwd. **Vertrouwen** in de mensen die een verandering plannen, leidt tot een grotere motivatie voor de verandering.

Tip 4: Wees alert op veel voorkomende **denkfouten**. Psychologen onderscheiden tientallen zogenaamde *biases* en *heuristics*: intuïtieve sluiproutes en denkfouten. Zo krijgen bijvoorbeeld opmerkelijke verhalen - man bijt hond - meer aandacht dan 'saaie' harde data. Ook hebben we soms de neiging om te sterk vast te houden aan onze eigen ideeën.
Een kritische vraag die kan helpen: heb ik tegengestelde meningen overwogen bij het maken van dit plan?

Tip 5: Controleer de **oorzaak-gevolgrelaties** in je plan. Is het plausibel dat het gekozen gedrag leidt tot het doel dat je wilt? En is het te verwachten dat de gekozen support-technieken leiden tot het gewenste gedrag?

Tip 6: Check: kent het plan in zijn geheel een goed **evenwicht tussen impact en haalbaarheid**? Onderzoek ook: wat zijn de mogelijke neveneffecten van de geplande verandering en zijn deze positief?

Tip 7: Houd je plan **helder en eenvoudig**. Kies één doel, één gedraging, en drie of meer support-technieken. Realiseer je dat veel plannen voor verandering niet duidelijk zijn, in de praktijk verkeerd worden geïnterpreteerd en slecht worden nageleefd.

Tip 8: Plan vooraf **hoe je gaat evalueren** tijdens het proberen, het uitvoeren van je verandering. Hoe ga je kijken of je op de goede weg bent? Wanneer, met wie, aan de hand van welke criteria, wat verwacht je op dat moment te zien? Zeg duidelijk vooraf - net als in wetenschappelijk onderzoek - wat je op een bepaald moment zou willen waarnemen.

■ Tips voor het proberen van een verandering

Tip 1: Realiseer je tijdens het uitvoeren, het *proberen* van een verandering, dat veranderen **altijd een leerproces** is. Het gaat er niet om dat je bewijst dat je gelijk hebt en dat jouw plan klopt. Het gaat erom dat je - liefst zo snel en eenvoudig mogelijk - een manier vindt die werkt. Communiceer dit ook duidelijk aan de mensen die betrokken zijn bij de verandering. Gebruik woorden als: proberen, experimenteren en leren.

Tip 2: Als je met meerdere mensen aan een verandering werkt, investeer dan voldoende tijd en energie in de **communicatie over het plan**. Maak steeds weer duidelijk wat het *doel* is waar je aan werkt, wat het gewenste *gedrag* is en welke *support* er wordt ingezet.

Tip 3: **Volg je plan nauwkeurig**. Zorg dat alle *support*-technieken ook echt worden gebruikt. Let erop dat het gewenste *gedrag* juist wordt uitgevoerd. En controleer regelmatig of alle betrokkenen begrijpen wat het *doel* van de verandering is.

Tip 4: Houd het hoofd koel: **evalueer pas op de afgesproken momenten**. Je voorkomt hiermee doorlopende twijfel en discussie tijdens het proberen van een verandering.

Tip 5: Let ook bij het proberen op veel voorkomende **denkfouten**. Zo zijn mensen automatisch geneigd om door te gaan op een eenmaal ingeslagen weg. Ook wanneer dit niet de beste keuze blijkt te zijn. Het is belangrijk om kritisch te blijven kijken naar je eigen denken.

Tip 6: Evalueer **zo feitelijk mogelijk**. Stel jezelf voordat je gaat evalueren de volgende vragen:

1) Hebben we het plan nauwkeurig gevolgd?
2) Waren er verstorende factoren die we niet hadden voorzien?
3) En - belangrijk - wat zijn de 'harde gegevens' die we hebben over de support, het gedrag en de resultaten die we tot nu toe hebben geboekt?

Tip 7: Maak bij het evalueren en bijsturen **gebruik van De Ladder**. Als het gewenste *gedrag* niet optreedt, kijk dan kritisch naar de *support*. Is die sterk genoeg? Of is het *gedrag* misschien niet realistisch gekozen?
En als het *gedrag* wel optreedt, maar het *doel* niet dichterbij komt, stel dan de vraag: hebben we het juiste *gedrag* gekozen? Of is ons *doel* wellicht te ambitieus gesteld?
Stel zo nodig je plan bij, of doorloop het planningsproces in zijn geheel opnieuw.

Tip 8: Er zijn veel problemen waar je nooit klaar mee bent. Soms lukt het om binnen enkele maanden te komen tot nieuwe effectieve gewoontes die je zonder veel moeite kunt volhouden. Maar in veel gevallen zul je het nieuwe gedrag moeten blijven onderhouden. Of aanpassen. En in andere gevallen is je gedragsverandering wel geslaagd, maar heb je te maken met een diepgeworteld probleem dat zich niet eenvoudig laat oplossen en telkens weer terugkeert in een nieuwe vorm.
Realiseer je dat De Ladder niet bedoeld is voor éénmalig gebruik. Het is een model dat je **telkens weer opnieuw** kunt doorlopen.

Verantwoording

Waarom dit boek en waarom op deze manier?

In de Bijbel staat hoe Jezus de voeten wast van zijn leerlingen. Hij zegt: "Jullie weten dat heersers hun volken onderdrukken en dat leiders hun macht misbruiken. Zo zal het bij jullie niet mogen gaan. Wie van jullie de belangrijkste wil zijn, zal de anderen moeten dienen."

Ik geloof dat het onze opdracht is om elkaar te dienen, te helpen. Dat geldt voor leiders, voor veranderaars en ook voor mensen die boeken schrijven.

Voor dit boek *De Ladder* ben ik op zoek gegaan naar het beste wat de huidige veranderpsychologie te bieden heeft. Ik hoop dat dit boek je helpt om vele positieve veranderingen door te voeren.

De belangrijkste gedragsonderzoekers die mij hebben geïnspireerd bij het schrijven van dit boek, zijn: Susan Michie, Daniel Kahneman, John Kotter, Roy Baumeister, Richard Thaler en Icek Ajzen.

Online vind je een uitgebreide verantwoording per hoofdstuk, met daarin nog veel meer namen van briljante denkers op het gebied van gedrag en verandering.
Kijk hiervoor op: www.tiggelaar.nl/deladder.

Dankwoord

Ik wil een paar mensen bedanken.

Ingrid, de liefde van mijn leven, die meedenkt bij alles wat ik onderneem. Maria, Isabelle, Emma en Bernice, onze vier prachtige dochters.

Erna, Elisabeth, Renske en Maria voor alle hulp bij het schrijven van dit boek. Marleen voor de redactie en Marieke voor de correctie. Tjarko en Eelke voor het grafische werk. Theo voor de productie en de goede raad. Renier voor zijn webdiensten.
Hans en al zijn collega's bij Denkproducties voor de inspiratie bij het voortdurend ontwikkelen van nieuwe ideeën. Edward voor de creatieve input.
En veel dank aan alle cursisten en studenten die in de afgelopen tien jaar hun feedback gaven op voorlopers van De Ladder.

Over Ben Tiggelaar

Dr. Ben Tiggelaar is onafhankelijk gedragswetenschapper en auteur. Hij studeert al ruim dertig jaar op leiderschap en verandering.

Zowel in Nederland als daarbuiten geldt hij als een van de absolute topsprekers en trainers binnen zijn vakgebied.

Ben schreef meerdere bestsellers, waaronder *Dromen, durven, doen, Mooi werk, Dit wordt jouw jaar!* en *MBA in één dag*. Daarnaast schrijft hij een wekelijkse column voor *NRC Handelsblad* over werk en management.

Ben is getrouwd met Ingrid. Samen hebben ze vier dochters: Maria, Isabelle, Emma en Bernice.

Kijk voor meer informatie en diverse extra's bij dit boek op:
www.tiggelaar.nl
www.tiggelaar.nl/deladder